LE PARC AU CERF.

LE PARC AUX CERFS.

LE PARC AU CERF,

OU

L'ORIGINE DE L'AFFREUX *DEFICIT*.

PAR UN ZÉLÉ PATRIOTE.

A PARIS,

Sur les débris de la Bastille.

1790.

PERSONNAGES.

AVANT-PROPOS.

La marquise de Pompadour avoit une fille extraordinairement aimable, élevée à l'Assomption, avec le train d'une princesse, & qu'elle destinoit au duc de Fronsac, présentement duc de Richelieu. Elle la perdit avant d'avoir pu conclure ce mariage, qui auroit eu lieu malgré la résistance du maréchal, trop ambitieux pour s'exposer à perdre les bonnes graces d'une femme toute puissante, & qui pardonna rarement à ceux qui eurent l'imprudence de mériter sa haine. Sa douleur fut d'autant plus grande, qu'en proie à une incommodité dégoûtante, qui avoit obligé Louis XV à se sevrer de sa couche, elle avoit, s'il faut en croire quelques personnes initiées dans les mysteres amoureux du dernier regne, espéré qu'elle la remplaceroit à la cour ; elle savoit que l'inceste, loin d'effrayer le bon Prince, seroit au contraire, pour lui, un aiguillon de volupté. Heureusement pour son ambition, elle s'avisa de vouloir être la surintendante de ses plaisirs, en lui créant une espece de serrail, composé de beautés neuves & inconnues. Telle fut l'origine du Parc au Cerf, gouffre de l'innocence & de l'ingenuité, où vint, dès l'année 1755, s'engloutir une foule de victimes, qui, rendues ensuite à la société, y rapporterent la corruption, le goût de la débauche & tous les vices dont elles s'étoient nécessairement infectées dans le commerce des agens infâmes d'un lieu aussi abominable.

Indépendamment du tort irréparable que cette horrible institution a fait aux mœurs, il est effrayant de calculer l'argent immense qu'elle a coûté à l'état. En effet, qui pourroit additionner au juste les frais de cette chaîne d'entremetteurs de toute espece, en chef & en sous-ordre, s'agitant sans cesse pour découvrir & aller relancer jusqu'aux extrémités du royaume les objets de leurs recherches, pour les emmener à

Verſailles, les décraſſer, les habiller, les parfumer, & leur procurer tous les moyens de ſéduction que l'art peut ajouter? Qu'on y joigne les ſommes accordées à celles qui, n'ayant pas eu le bonheur d'éveiller les ſens engourdis du Sultan, ne devoient pas moins être dédommagées de leur ſervitude, de leur diſcrétion, & ſurtout de ſes mépris; les récompenſes dues aux nymphes fortunées, pour avoir, quelques inſtans, reçu le Monarque dans leurs bras, & fait circuler le feu de l'amour dans les veines dépravées; enfin les engagemens ſacrés pris envers les ſultanes, portant dans leurs flancs le fruit précieux de leur fécondité; & l'on ſe convaincra qu'il n'en eſt aucune, l'une portant l'autre, qui n'ait été une charge d'un million pour l'état. Or, qu'il en ait paſſé ſeulement deux, chaque ſemaine, par cette piſcine, c'eſt-à-dire, mille en dix ans, l'on trouvera un capital d'un milliard; encore ne comprendrons-nous pas dans cet affreux total l'entretien indispensable de tous les enfans provenus de ces accouplemens clandestins.

LE PARC AU CERF,

OU

L'ORIGINE

DE

L'AFFREUX *DEFICIT*.

MADEMOISELLE DE CHAROLOIS.

Mademoiselle de Charolois étoit fille de madame la grande ducheſſe de Toſcane & ſœur du duc de Bourbon. Faite pour les plaiſirs, belle, aimable, d'une ſenſibilité étonnante, qui la porta néceſſairement du côté de l'amour, elle eut une foule d'amans, & fit des enfans, preſque chaque année, avec ſi peu de myſtere, que tous ceux qui demeuroient à Verſailles, d'accord là-deſſus, envoyoient ſavoir de ſes nouvelles pendant les ſix ſemaines d'uſage. C'eſt d'elle qu'un jour un Suisse, encore peu accoutumé à cela, répondit, à ceux qui venoient: « la princesse se porte aussi bien que son état » le permet, & l'enfant aussi ». Elle a passé pour avoir épousé en secret le prince de Dombes, tué depuis par le duc de Coigny d'aujourd'hui, qui voulut venger la mort de son pere le maréchal.

MADEMOISELLE DE SENS.

Mademoiselle de Sens, sa sœur, entre plusieurs amans, eut en titre le comte de Maulevrier-Langeron: elle étoit voluptueuse, mais décente, & sachant se respecter.

MADEMOISELLE DE CLERMONT.

Mademoiselle de Clermont, sa sœur également, aima le comte de Melun, qui fut tué à la chasse par une bête fauve dans le bois de Boulogne. Elle étoit d'un caractere si indolent, que madame la grande-duchesse demanda plaisamment, en apprenant cette nouvelle, « cet accident a-t-il causé quelqu'émotion à » ma fille »?

LA COMTESSE DE TOULOUSE.

C'étoit une dévote, mais de celles qui ne sont pas les ennemies des plaisirs permis : elle étoit de la famille de Noailles. Spirituelle, sage; ce fut elle qui mit, en quelque sorte, Louis XV dans le monde, en lui inspirant de la hardiesse, & en lui enseignant à s'exprimer facilement & avec grace. Le duc & le marquis d'Antin étoient ses enfans du premier lit, & on peut dire qu'elle n'oublia point leur fortune dans les fréquentes parties de plaisir que le Roi alloit faire à Rambouillet, cette jolie terre où ce prince alloit avec le comte de Toulouse, se délasser des fatigues d'une cour importune, d'une grandeur dont le poids l'accabloit. C'est elle & mademoiselle de Charolois qui imaginerent ces soupers divins qu'on faisoit dans les réduits délicieux, accessibles aux seuls confidens, & désignés, avec raison, sous le nom de petits appartemens. Louis XV en fit pratiquer dans ses différens palais. Sans être absolument séparés des appartemens de représentation, il n'y avoit, cependant, de communication que ce qu'il en falloit nécessairement pour le service. Une porte secrette, construite dans la chambre à coucher du Roi, lui donnoit la facilité de s'y rendre, quand il le jugeoit à propos. Les artiſtes y avoient épuiſé toutes les reſſources de leur génie pour la commodité des diſtributions, l'élégance des ameublemens, les recherches les plus fines du luxe & de la galanterie. Egalement deſtinés aux plaiſirs de la table & à ceux de l'amour, on n'y admettoit que les courtiſans des deux ſexes, aſſez corrompus pour être les compagnons de débauches de leur maître, aſſez vils pour en reſter les ſimples témoins. En voici une deſcription allégorique qu'on trouve dans un ouvrage fait pour dépayſer les lecteurs.

« C'étoit un petit temple, où l'on célébroit » fréquemment des fêtes nocturnes en l'hon- » neur de Bacchus & de Vénus. Le Sophi (1) » en étoit grand-prêtre, Retime (2) la grande- » prêtreſſe ; le reſte de la troupe ſacrée étoit » compoſé de femmes aimables & de courti- » ſans galans, dignes d'être initiés à ces myſ- » teres. Là, par quantité de libations, & par » différentes hymnes en l'honneur de Bacchus, » on tâchoit de ſe le rendre favorable auprès » de la déeſſe de Cythere, à laquelle enſuite « on faiſoit de temps en temps de précieuſes

(1) Le Roi.

(2) La comteſſe de Mailly.

» offrandes. Les libations se faisoient avec les » vins les plus rares; les mets les plus recher- » chés étoient les victimes. Souvent même, & » c'étoit aux jours les plus solemnels, ces mets » étoient préparés par les mains du grand- » prêtre. Comus étoit l'ordonnateur de ces » fêtes, Comus y présidoit; il n'étoit permis à » personne, à aucun esclave d'oser troubler » ces augustes cérémonies, ni d'entrer dans » l'intérieur du temple qu'au moment où les » prêtres & les prêtresses, comblés enfin des » faveurs divines, tomboient dans une extase » dont la plénitude prouvoit la grandeur de » leur zele & annonçoit la préséance des dieux. » Alors tout étoit consommé; on enlevoit avec » respect ces favoris des dieux, & l'on fermoit » les portes du temple.....

» Il y avoit certains jours de l'année qui « n'étoient consacrés qu'au Dieu Bacchus, « & dont les honneurs se faisoient par Comus « particuliérement. Ces jours, qu'on peut « appeller les petites fêtes, étoient ceux où « le grand-prêtre admettoit dans le temple « Sévagi (1), Fatmé (2), Zélide (3) &

(1) Le comte de Toulouse.

(2) La comtesse de Toulouse.

(3) Mademoiselle de Charolois.

« quelques autres, aux yeux desquels, comme « profanes, on ne célébroit que les petits « mysteres. En effet, loin de mériter d'être « du nombre fortuné à qui les fonctions « importantes & essentielles du culte étoient « confiées, à peine étoient-ils dû peu dont « on vouloit bien leur faire part ».

FILION DE VILLEMUR.

Ce fermier général épousa une belle femme, qui ne sortit du couvent que pour aller à l'Eglise. Comme il l'aimoit passionnément, il ne voulut point absolument attendre la nuit, & il profita si bien des instans, qu'il l'emmena dans un cabinet où il l'enivra de volupté. Le lendemain, voulant mettre son caleçon qui étoit de fine toile de Hollande, il s'apperçut qu'il étoit tout taché de f....; il se prépara à en changer, mais sa femme l'en empêcha en lui disant » va, va, mon ami, » sois tranquille, ce n'est rien que cela; j'en « ai eu autant plus de cent fois sur ma chemise, « un peu d'eau m'a suffi pour empêcher que « la supérieure de mon couvent ne s'avisât « d'y trouver à redire ». Dût-il rire, lui surtout qui étoit vain, fier & d'une ambition démesurée ?

LA DUCHESSE DE BERRY.

Cette princeſſe, digne fille du Régent, eut d'abord pour amant le beau & vigoureux Lafage, puis Biron, la Rochefoucault, le comte d'Uzez, & cent & cent autres qu'on ne sauroit nommer, perſuadée même que les princes, malgré leur orgueil, ſont tous paitris du même limon; elle ne dédaigna pas l'humble Bouvaret qu'elle fit maitre de ſa garderobbe; la chronique ſcandaleuſe de la Régence aſſure même que, plus d'une fois, en bonne fille Tartare elle partagea la couche de ſon libidineux pere, qui adoroit ſes mains qui étoient ſuperbes: du reſte, elle mourut au Luxembourg d'une belle & bonne V....

LA PRINCESSE DE CARIGNAN.

C'étoit la maîtreſſe du foible & ambitieux Cardinal de Fleury, qui avoit la lâcheté de dépoſer tous les ſecrets de l'état dans ſon ſein, & de ne rien faire que par les conſeils & par ceux de l'abbé Couturier & du fidele Barjac. Elle ne l'aimoit, comme on doit bien le penſer, & ainſi que doivent toujours le croire les miniſtres de la faveur, uniquement que par la raiſon toute-puiſſante qu'il étoit premier miniſtre d'une monarchie redoutable, plus roi que le Roi même, & le diſtributeur abſolu des graces. Altiere, ambitieuſe, c'eſt-à-elle, c'eſt à ce monſtre indigne du nom reſpectable qu'elle portoit, que la malheureuſe France doit les premiers déſordres auxquels Louis XV, s'eſt porté dans tout le cour de son regne; elle engagea le vil ex-évêque de Fréjus, qui craignoit d'être déplacé, à chercher quelque Syrene capable d'inſpirer de l'amour au jeune Monarque; Syrene, cependant, qui, ſatisfaite du département des plaiſirs, abandonna celui des finances & des affaires à ſon éminence.

L'ABBÉ COUTURIER.

Cet abbé, moliniſte outré, étoit ſupérieur du ſéminaire de Saint-Sulpice, & ſans être le confeſſeur en titre du cardinal de Fleury, dirigeoit en grand ſa conſcience qui avoit ſouvent beſoin d'être raſſurée contre les cabales qu'on forma plus d'une fois pour le culbuter d'une place où il eſt inoui qu'un homme de ſoixante-treize ans ſoit parvenu & ait réparé la plus grande partie des maux qui nous affligeoient

affligeoient. Groſſier, ſans uſage du monde, ſous un air de balourdiſe, il avoit eu aſſez de dextérité pour manier l'eſprit de ſon pénitent, de maniere que, ſans avoir la feuille des bénéfices, il étoit réellement à la tête du département des affaires eccléſiaſtiques, & diſtribuoit toutes les graces *efficaces* de l'Egliſe. Le chef couvert d'un vaſte chapeau dont les aîles rabattues ombrageoient ſes larges épaules, en rabat blanc, en ſoutane de bure, il voyoit ſans ceſſe, d'un air dédaigneux, ſon antichambre remplie des plus grands ſeigneurs du royaume, & ſa maiſon étoit devenue la pépiniere de tous les abbés de qualité qui aſpiroient à la prélature ou à l'obtention des bons bénéfices.

BARJAC.

Cet homme étoit valet-de-chambre du Cardinal, par conſéquent le miniſtre de ſes plaiſirs, & le confident de ſes peines & de ſes embarras, qui n'étoient pas petits. Il connoiſſoit à merveille les foibles de ſon maître, & ſavoit les ſaiſir. Ce fut lui qui, peu de tems avant ſa mort, eut la galanterie recherchée de le faire, un jour des Rois, ſouper avec douze convives de la Cour, hommes & femmes, plus âgés que lui ; de ſorte que, comme le plus jeune, il fut obligé de tirer le gâteau. Avec une adulation auſſi fine & auſſi ſoutenue, Barjac ne pouvoit manquer d'être très-avant dans la faveur de ſon Eminence. Il étoit, en effet, le canal de toutes les graces intérieures, & principalement de celles de la finance, dont une partie reſſuoit ſur lui, tellement qu'il ſe trouva extraordinairement riche au décès de ſon maître.

LA COMTESSE DE MAILLY.

La comteſſe de Mailly, fille du marquis de Neſle, & amie ſincere de madame la comteſſe de Toulouſe, fut d'abord dame du palais de l'indolente Marie Leczinska, à qui ſon confeſſeur, gagné par Fleury, avoit eu la ſcélérateſſe de perſuader qu'ayant donné un héritier au trône & des princeſſes pour en être l'édification, elle feroit une choſe agréable à Dieu en exerçant déſormais la plus excellente des vertus, la chaſteté, & en ſe ſevrant, de tems en tems, des voluptés charnelles qui ont coutume de courber notre ame vers la terre, au lieu de l'élever au ciel, notre véritable patrie (1). Elle avoit à-peu-près trente-cinq ans lorſque le Cardinal chargea le duc de Richelieu de la propoſer au Roi. Elle n'étoit point belle, ni jolie; ſon regard même étoit extrêmement dur, mais deux grands yeux noirs bien fendus, très-vifs, des ſourcils bruns & épais, un ſon de voix voluptueux, une démarche délibérée & laſcive valoient bien la gorge la plus belle, les bras, les mieux arrondis, la nobleſſe, les graces, tous les attraits enfin de cent beautés de la Cour. Que dis-je! elle leur fut toujours ſupérieure par les qualités du cœur, ſi préférables aux charmes de la figure, qui ne dure qu'un inſtant, que mille accidens peuvent altérer, rendre affreuſe. Enjouée, d'une humeur égale, ſpirituelle, pleine de probité, careſſante, faite pour aimer, généreuſe, compatiſſante, aimant à rendre ſervice, nullement ambitieuſe, elle joignoit encore un talent qui ſupplée à bien des agrémens, l'art de la toilette, qu'elle poſſédoit au ſuprême degré, & que ſes rivales tenterent vainement d'imiter.

---

(1) Le Roi, un peu échauffé, s'étant préſenté chez la Reine, elle le reçut ſi durement, qu'elle bleſſa ſon amour-propre; il jura que de ſa vie il ne coucheroit avec elle.

Lorſqu'il fut arrêté qu'elle feroit tout ce qui ſeroit en ſon pouvoir pour captiver le jeune Monarque, Richelieu fit pluſieurs fois rouler adroitement l'entretien ſur le compte de la Reine, ſur le vuide que ſon indifférence laiſſoit dans ſon cœur, ſur la néceſſité de remplacer une paſſion par une autre; enfin il le fit convenir que l'amour étoit la conſolation de tous les hommes, & principalement des grands princes, ogligés, malgré eux, de charmer les ſoins du trône.

Une entrevue avec madame de Mailly fut la ſuite de ces converſations dangereuſes; mais malgré l'ardeur que devoit lui donner ſon âge, malgré la fougue de ſon tempéramment, malgré la longue privation où il avoit vécu depuis la rupture avec ſon épouſe, elle fut infructueuſe; la timidité avoit tellement glacé les ſens du Roi, que la Comteſſe déſeſpérée, ſe plaignit amérement du peu d'impreſſion qu'elle avoit faite. On eut de la peine à la déterminer à un ſecond tête-à-tête; à la fin, l'amour ſincere qu'elle avoit conçu, lui fit ſentir qu'il falloit oublier le monarque pour ne s'occuper que de l'homme.

La docilité du jeune Prince, à revenir à elle, l'encouragea ſinguliérement. Perſuadée qu'il ne falloit qu'aſſaillir pour triompher, elle ſe permit, par degré, des agaceries, plus ou moins vives, auxquelles ſuccéderent les moyens extrêmes des courtiſannes les plus dévergondées. Ses attouchemens furent un taliſman ſi heureux, que l'amant, reprenant ſes droits dès l'inſtant même, ſe livra à des emportemens que la contrainte, qu'il avoit éprouvée, pouvoit ſeule faire excuſer. Quand cette ſcene libidineuſe fut finie, madame de Mailly, enchantée de la vigueur de ſon vainqueur, ſortit dans le déſordre amoureux où elle étoit encore; & ſe repréſentant aux auteurs de l'ineffable volupté qu'elle avoit goûtée, elle ne leur dit autre choſe, quelle que fût leur curioſité d'apprendre ce qui s'étoit paſſé : « Voyez » donc, je vous en prie, comme ce paillard » m'a accommodée »!

Il en eſt des rois comme des ſimples individus qui leur obéiſſent, il n'y a que le premier pas qui coûte. Louis XV ayant fait celui dont on vient de parler, ne ſe ſouvint bientôt plus qu'il commettoit un double adultere; tout entier à ſa paſſion, dédaignant de donner à ſa maîtreſſe des rendez-vous ſecrets, ainſi qu'il l'avoit pratiqué juſques-là, il mépriſa ces ménagemens que les ſouverains doivent à leurs peuples, ſur leſquels le mauvais exemple des princes fait toujours une impreſſion dangereuſe, & ne fit plus aucun myſtere de ſes déſordres. Les courtiſans, cette peſte publique, en firent hautement la matiere de leurs converſations indécentes; la reine même en fut informée dans le plus grand détail; mais au lieu de tenter ſur ſon époux, qui l'eſtimoit encore, l'aſcendant qu'elle avoit eu ſi long-tems ſur ſon eſprit, elle eut l'imprudence de ſe contenter d'en gémir aux pieds des autels.

Cette premiere paſſion du Roi peut fournir au philoſophe un tableau frappant des Cours dans un ſiecle corrompu. Le comte de Mailly, qui ſe ſoucioit fort peu de ſa femme, avec laquelle il ne couchoit que rarement avant que ſa majeſté s'attachât a elle, s'aviſa de trouver mauvais qu'elle commît une infidélité; pour réponſe, on lui défendit d'avoir avec elle aucun commerce, ſous peine de pourrir dans les infâmes cachots de Ham, en Picardie: aſſez ſage pour ſe taire, il ſe retira chez lui, où il plaignît la France d'être obligée d'obéir à un homme qui de pere de ſes ſujets ne tarderoit pas à en devenir le fléau. Le moyen de ne pas le penſer après un pareil acte de tyrannie! Le marquis de Neſſe, de ſon côté, feignit auſſi de critiquer la conduite de ſa fille; on lui ferma la bouche en lui donnant l'argent dont on ſavoit qu'il avoit beſoin pour raccommoder ſes affaires qui étoient dans le plus mauvais ordre. D'un autre, le Cardinal, fauteur des erreurs de ſon auguſte pupille, ayant pouſſé l'hypocriſie juſqu'à vouloir lui faire des remontrances : « je vous ai abandonné la con» duite de mon royaume, lui répondit aigre» ment le Roi, j'eſpere que vous me laiſſerez » le maître de la mienne........ ». Ces mots, malgré leur ſécherеſſe, furent auſſi-tôt divulgués dans tous les cercles par ſes émiſſaires; mais ſi ceux-ci, en le diſculpant en quelque ſorte, le tranſporterent de la joie la plus vive, il n'en fut pas de même des peuples, plus inſtruits qu'on ne le croit dans les Cours, de tout ce qui concerne leurs véritables intérêts. On s'étoit flatté qu'une maîtreſſe opéreroit quelque révolution dans le miniſtere ; s'appercevant facilement que cela ne ſervoit, au contraire, qu'à mieux affermir l'autorité de ſon Eminence, on ceſſa de regarder de bon œil la paſſion du monarque. On la fit paſſer aux yeux du public pour un commerce horrible, abominable, & qui ne manqueroit point d'attirer le courroux du ciel ſur le royaume ; on fit des vers ſatyriques, &, comme c'eſt l'uſage, on chanta des couplets licentieux où l'on maltraita également l'amant & l'amante.

Cependant, le rôle de la comtesse, qu'elle jouoit à ce qu'on assure pour la premiere fois, étoit d'autant plus excusable ainsi qu'on l'a dit plus haut, qu'elle aimoit véritablement Louis XV, qu'elle fut toujours plus attachée à la personne qu'au diadême, qu'elle ne demanda jamais aucune grace, soit pour elle, soit pour ses parens, & qu'elle sortit de la Cour aussi pauvre qu'elle y étoit entrée. On lui reproche néanmoins, & avec raison, d'avoir entraîné le Roi dans ces orgies crapuleuses auxquelles il s'est livré depuis sans aucune pudeur; d'avoir surtout secondé par ses éloges son goût pour faire la cuisine, genre de divertissement, sinon condamnable dans le souverain d'un grand empire, du moins très-facheux en ce qu'il annonce une ame peu accoutumée à s'occuper d'idées grandes & sublimes.

Supplantée ensuite par la marquise de la Tournelle, sa sœur, la comtesse de Mailly apprit sa disgrace avec une douleur d'autant plus violente qu'elle avoit aimé de meilleure foi; mais, telle que la duchesse de la Valliere, la religion, derniere ressource des ames trop tendres, lui offrit de la consolation. Le pere Renaud, de l'oratoire, étoit renommé pour la prédication; notre nouvelle Magdeleine fut l'entendre. Doué d'une belle physionomie, d'un d'un son de voix enchanteur, d'une éloquence ferme & séduisante à la fois, il porta la grace dans un cœur ulcéré, son zele la fit rentrer en elle-même, & les fréquens entretiens d'un directeur aussi insinuant rétablirent non-seulement le calme dans son ame, mais on vit cette fameuse comtesse, jadis vêtue si superbement, sans cesse occupée uniquement de plaisirs de toute espece, fréquenter assiduement les églises, se mettre avec autant de simplicité que les femmes du commun, & ne s'en faire distinguer que par son parfait recueillement, sa profonde modestie, ses larmes sinceres & sa douceur étonnante à supporter, sans la moindre colere, les huées, quelquefois les cruelles injures, de la multitude qui la regardoit à tort comme l'unique cause des calamités publiques; l'on peut assurer qu'elle fut alors plus admirée, plus respectée même, des vrais appréciateurs des choses, qu'elle ne l'avoit jamais été dans tout l'éclat de sa faveur. Madame la comtesse de Toulouse en donna la preuve la plus complette. D'autant plus sensible à sa disgrace que sa conduite ne la lui avoit point méritée, cette princesse, son ancienne amie, l'accueillit chez elle, & la logea, pendant plus d'un an dans son palais du Luxembourg, provoquant ainsi généreusement l'animadversion du monarque, qui n'eut pas la force de lui montrer le ressentiment qu'il éprouvoit intérieurement de son procédé, reproche tacite de la dureté qu'il lui avoit témoignée.

En perdant les bonnes graces de sa majesté, madame de Mailly parut perdre aussi celle de sa maitresse puisqu'on lui ôta sa place de dame du palais, c'est-à-dire qu'on l'éloigna de la reine dans le moment précisément où elle se rendoit digne de l'approcher par la régularité de ses mœurs & par une piété exemplaire.

Dans la suite, Louis XV lui assura environ quarante mille livres de rente, lui donna un hôtel rue Saint-Thomas du Louvre, & enjoignit qu'on payât ses dettes, montant à-peu-près à sept cens soixante-cinq mille francs, somme qui, bien que trop considérable pour l'état, qui ne doit point payer les débauches de son premier citoyen, paroîtra encore bien modique, si l'on fait attention qu'elle n'a jamais tiré aucun avantage de sa faveur, & que, durant cet intervalle, elle ne jouissoit que d'environ vingt-cinq mille livres de rente, qui, à beaucoup près, ne suffisoient point pour la dépense qu'elle étoit obligée de faire à la cour. Le paiement des sept cens soixante-cinq mille francs fut assigné sur les revenus des fermes, mais, malgré les ordres réitérés du roi, les fripons qui furent chargés de la distribution des fonds, non contens de faire indignement languir les malheureux créanciers, ont eu encore la lâcheté de les frustrer de la plus grande partie de leurs créances.

MADAME DE VINTIMILLE.

La comtesse de Mailly trouva dans sa passion la punition du scandale, toujours grand dans la société, d'avoir souillé la couche nuptiale. Sa majesté, qui l'estimoit plus qu'il ne l'aimoit, n'étant plus contenue par aucun frein, par aucune pudeur, donna l'essor à tous ses desirs; l'inceste ne l'effraya pas. Sa maîtresse avoit une sœur, mariée à M. de Vintimille; celle-ci, aussi grande que son aînée, n'avoit de plus qu'elle, du côté des attraits, que le vif éclat de la jeunesse; mais, pour de l'esprit, elle en possédoit infiniment davantage, & elle ne tarda point à s'en servir, pour tâcher de supplanter sa sœur & capt ver le monarque capricieux. Tous ceux qui la connoissoient, redouterent bientôt son pouvoir. Elle étoit altiere, haute, entreprenante, envieuse, vindicative, aimant à gouverner & à se faire craindre, ayant peu d'amis, peu propre à en acquérir, ne pensant qu'à ses intérêts, n'ayant d'autre but que de tirer parti de la foiblesse de son esclave, & certes, malgré ses vices, elle auroit réussi, si la mort, cette déesse impitoyable qui ne ménage pas plus les grands que les petits, ne l'eut point arrêtée au milieu de sa carriere. Elle mourut en couches, non sans soupçon d'avoir été empoisonnée. Sa perte innpinée causa des larmes à Louis XV. Sa sœur, qu'il avoit toujours conservée pour la forme, & afin de cacher son nouvel attachement, y mêla les siennes, & regretta sincérement sa rivale. Celle-ci a laissé un fils, aujourd'hui comte du Luc, la vive image du roi, qui l'a toujours aimé tendrement, & que les singes de Versailles ont appellé le demi-Louis, pour perpétuer la mémoire de l'anecdote.

LA DUCHESSE DE LAURAGUAIS.

La duchesse de Lauraguais, la plus jeune des sœurs de la comtesse de Mailly, étoit d'une grande taille mais mal prise, & d'un embonpoint favorable aux attouchemens. Elle avoit la gorge ferme & élastique, les fesses rebondies, du reste une figure commune, grosse réjouie, sans agrémens sans gentillesse dans la ſociété. Suivant le rapport de pluſieurs des confidens des voluptés ſecrettes du prince, Louis le bien aimé, par un de ces rafinemens de débauche que la luxure inſpire quelquefois aux plus ſimples particuliers, deſira un jour coucher entre les deux ſœurs, dont les corps devoient, diſoit-il, ainſi que leur eſprit, offrir un contraſte parfait. Madame de Mailly, quoiqu'inſtruite, par une triſte expérience, du danger de faire connoître ſes ſœurs au Roi, en avoit, cependant, un beſoin extrême pour la ſeconder dans le pénible emploi d'amuſer l'homme le plus aimable & ſouvent le plus ennuyé de ſon royaume; elle ſe prêta donc au caprice de ſon amant: mais, ſi la ducheſſe de Lauraguais lui fit quelquefois goûter la nuit des plaiſirs que ne pouvoit lui procurer ſa ſœur maigre, ſeche, & n'ayant, pour ainſi dire, que la peau ſur les os, celle-ci dans le jour reprenoit ſes droits, & bientôt le Roi ſe dégoûta d'une jouiſſance purement matérielle. La ducheſſe de Châteauroux la fit dans la ſuite nommer dame d'atour de madame la Dauphine, lorſque le duc de Lauraguais alla chercher cette Princeſſe dans l'iſle des Faiſans, où les officiers du roi d'Eſpagne la lui remirent entre les mains, honneur brigué vainement par les plus grands ſeigneurs du royaume.

LA MARQUISE DE LA TOURNELLE.

Il n'en fut pas de même de la marquise de la Tournelle, la quatrieme de cette maison de Nesle, où les filles semblerent avoir pour appanage de partager la couche de Louis XV. Blanche comme la neige, d'une jolie figure, d'une taille élégante, d'un maintien noble & fier, son regard piquant frappa le Roi, & son manege acheva le reste. Quoiqu'elle n'eut pas fait grand bruit depuis son veuvage, elle ne s'étoit pas plutôt vue à la cour, qu'elle avoit fondé les plus grandes espérances, & cela, avec d'autant plus de raison, qu'elle étoit vraiment plus capable qu'aucune de ses sœurs de faire valoir ses charmes, de profiter de la plus légere de leurs erreurs. D'ailleurs, que ne pouvoit-elle pas tenter sous un guide tel que le duc de Richelieu, qui, rassasié de sa possession, ne fut point du tout fâché de trouver cette occasion de s'en débarrasser & de faire payer ses plaisirs au Monarque, lequel, par parenthese, a souvent eu le désagrément de ne jouir, que le dernier, des objets qu'il croyoit les plus dignes de son auguste tendresse? En effet, ce courtisan fin & délié, que l'ambition alors commençoit à dominer impérieusement, étoit un de ceux qui se flattoient de pouvoir gouverner sa Majesté après la mort du cardinal de Fleury; mais, n'étant pas encore assez puissant pour écarter par lui-même ses nombreux concurrens, il sentoit qu'il lui falloit le crédit d'une favorite. La marquise de la Tournelle lui convenant donc infiniment davantage que la comtesse de Mailly, il la choisit, l'instruisit à fond, devint l'ame de ses conseils, & la dirigea dans toutes ses démarches.

Dès qu'elle s'apperçut qu'elle avoit blessé l'ame de son maître, qui alloit bientôt devenir son esclave, elle lui tint adroitement rigueur afin d'augmenter ses désirs jusqu'à ce qu'elle eut fait son traité & obtenu les conditions qu'elle éxigeoit. La premiere fut que madame de Mailly seroit renvoyée publiquement; quel coup pour une femme sensible qui n'avoit jamais vu qu'un amant chéri dans son roi! la seconde que son nom de marquise de la Tournelle seroit converti en celui de duchesse de Chateauroux avec les honneurs & les distinctions de cette dignité; la troisieme qu'on lui feroit un sort convenable à son rang, & que, mise sur le *trop fameux livre rouge*, elle jouiroit d'une fortune capable de la mettre à l'abri de tous les revers. Louis XV n'avoit donné qu'un exemple de pareilles graces & s'en étoit bientôt repenti; aussi amoureux, c'est-à-dire aussi imprudent, son petit fils accorda tout, & le crédit de sa nouvelle maîtresse devint si grand qu'il fut facile de voir qu'elle gouvernoit absolument son royal amant. Ce fut dans ces circonstances, que les artistes les plus ingénieux, inventerent des machines propres à la transporter d'un lieu à un autre, dans des temps & des momens que sa majesté jugea mériter les plus grandes attentions. Enfin l'amour du monarque parut au comble, lorsqu'il la fit hautement succéder à sa sœur par cet usage affreux, qu'il introduisit pour éviter le scandale, sans songer qu'en fixant ainsi à la cour les objets de ses caprices, plus que d'une véritable passion, il l'augmentoit d'une maniere aussi étonnante que ridicule. En effet, quoi de plus abominable que de forcer sa vertueuse compagne à voir continuellement, près de sa personne sacrée, l'objet de son mépris & de sa juste indignation, a devenir, en quelque sorte, la sauve-garde des plaisirs de son époux & le complice de ses désordres? Eh! vous voudriez, vils aristocrates, que la nation n'eut pas mis son successeur, quoique chaste jusqu'à présent, hors d'état d'imiter un exemple aussi révoltant? Remerciez seulement le ciel de

notre

nôtre modération de vous mépriser assez pour ne pas créer un tribunal, où on jugeroit les auteurs de tous les maux que nous avons essuyés depuis soixante ans.

Le premier usage que cette nouvelle agnès Sorel fit de sa faveur, fut d'engager le Roi à accorder une partie de sa confiance à une de ses créatures, le comte d'Argenson, ministre de la guerre; celui-ci auroit bien désiré la posséder toute entiere, ou au moins en second, mais, quelque bonne volonté que sa protectectrice eut pour lui, la chose fut de toute impossibilité. Un nouveau concurrent venoit de s'établir dans le ministère, c'étoit le maréchal de Noailles, à qui toute la maison de Nesle avoit les plus grandes obligations. Les cinq sœurs y avoient été accueillies dès leur jeunesse, y avoient fait l'utile connoissance de Madame la comtesse de Toulouse, & c'étoit là le principe de leur faveur auprès de sa majesté. Il eut été sans doute à souhaiter que le Cardinal eut été remplacé par ce seigneur, qui, plus propre pour le conseil que pour l'action, quoiqu'il fut brave, économe & sage, entendoit fort bien les finances à la tête desquelles il avoit été au commencement du regne, & étoit à la fois zélé citoyen, grand homme d'état, politique éclairé; la longue carriere qu'il a fournie lui auroit laissé le temps de perfectionner & de consommer ses projets, & son âge respectable lui eut attiré la vénération de son maître, dont l'enfance, ainsi prolongée, eut pû devenir le bonheur de la France; mais il en fut autrement par ce malheur qu'ont tous les hommes de ne se pas connoître, & le maréchal de Noailles préféra profiter du crédit de la favorité pour être un général médiocre plutôt qu'un ministre célebre.

Un troisieme eut aussi part à la bienveillance de la Duchesse, ce fut le sieur Orry, contrôleur général. Cette place, qui ne sera rien lorsque notre constitution sera absolument consolidée, rendoit alors nécessairement très-lié, avec la maîtresse du souverain, quiconque en étoit pourvu, à moins qu'elle n'eut le désintéressement de la comtesse de Mailly, mais combien cela se voit-il rarement! La sœur de celle-ci, au contraire, aimoit beaucoup l'argent, & par conséquent elle se vit avec beaucoup de plaisir faire la cour par celui qui ouvroit à son gré les coffres des finances de l'état; d'ailleurs ce n'étoit pas un homme sans mérite. D'une naissance très-ordinaire pour un temps où l'origine étoit le premier mérite de ceux qui aspiroient aux grands emplois, ayant servi dans le militaire en brave homme une partie de sa vie, entré ensuite dans une carriere toute opposée, il étoit déja sur le retour lorsque Fleury jetta les yeux sur lui pour lui confier le département des finances. Il étoit excellent dans ce poste où la dureté de sa phisionomie commençoit par glacer d'effroi cette foule de gens avides dont un contrôleur-général est toujours obsédé. Son caractere répondoit parfaitement à son extérieur, & son premier mot étoit toujours de refuser d'abord ce qu'on lui demandoit, juste ou non, ce qui avoit ses avantages & ses inconvéniens à la fois. Depuis douze ans qu'il régissoit le fisc public, il avoit acquis toutes les lumieres dont il avoit besoin. Dans le conseil que le Roi, piqué contre son tuteur qui le traitoit en pupille, fit tenir un jour en sa présence d'après une lettre que madame de Mailly laissa sans affectation sur sa table & dans laquelle on peignoit énergiquement l'affreuse situation des affaires de Bohême; Orry, malgré qu'il dut son élévation au Cardinal, fut du nombre des honnêtes gens qui eurent la hardiesse de faire sentir à sa majesté que sa gloire & l'honneur de la nation étoient intéressés non-seulement à dégager les Français dans Prague & ailleurs, mais même à continuer de soutenir l'Empereur, avis qui fut reçu avec transport, & d'autant plus promptement, qu'au moyen de soixante-dix millions en réserve pour ces cas extraordinaires, le contrôleur général s'étoit mis en état de le soutenir avec succès. Mais une galanterie qu'il fit à madame de Chateauroux, dans le premier moment de son élévation, acheva de la convaincre qu'il étoit, & qu'il ne cesseroit jamais d'être pour elle, un homme vraiment utile.

Elle aimoit extraordinairement Choisy, &, entr'autres appartemens, elle en avoit un petit, pratiqué au-dessus de celui du Roi, auquel il communiquoit par un escalier dérobé, où la finesse de la sculpture, l'or & l'azur, un meuble des mieux entendus, & quantité de glaces superbes & avantageusement placées, montroient que l'art sembloit s'y être épuisé pour les commodités, le bon goût & la galanterie. C'étoit-là qu'elle alloit, avec son auguste amant, se soustraire, presque tous les jours, à la curiosité maligne des courtisans, aux propos désagréables & aux plaintes dangereuses des peuples. Empressé de plaire à sa maîtresse, le Roi continuoit à augmenter ce séjour, dont il ne se lassa jamais, & aux embellissemens duquel il ne cessa, toute sa vie, de faire travailler, sur-tout au petit château, sanctuaire le plus secret de ses orgies, où l'on voyoit cette table, prodige de mécanisme, perfectionnée encore depuis par le fameux Loriot, & modele de toutes celles connues sous le nom de confidentes ; table qui, à l'instar de ces servantes (1) officieuses, allant chercher sans relâche les vins exquis qu'on y faisoit couler à grands flots, descendoit & remontoit au gré des convives, chargée de nouveaux mets. Un jour ce prince, ayant travaillé assez long-tems avec le contrôleur général, voulut lui faire voir un état de dépense d'environ douze cens mille fancs pour ce lieu ; mais, craignant qu'il ne lui representât que les revenus du royaume ne devoient pas être uniquement destinés aux iouissances du premier citoyen, il le laiss se retirer sans oser lui rien dire : à peine fut-il sorti, qu'il le lui envoya, feignant d'avoir oublié de lui en parler. Le ministre, l'ayant lu, revint aussitôt. « Quoi, Sire, dit il, votre Maesté ne » demande que cela ? Eh ! que pourra-t-on faire » avec une somme aussi modique ? -- Quoi ? » Oui, Majesté ! Et, pour vous le prouver, je » prends la liberté d'avouer que j'ai mis en » réserve, pour cet objet, quinze cens mille

(1) Petites tables placées à côté des convives, de distance en distance, & sur lesquelles sont des cartes & un crayon pour écrire les boissons qu'on souhaite.

» livres ». Louis XV, qui jusques là trembloit qu'il ne se présentât quelqu'obstacle légitime, en fut si transporté de joie, qu'il alla sur le champ faire part à la Duchesse du zele & de la complaisance d'Orry, que cette bagatelle mit au mieux dans l'esprit de l'un & de l'autre. Au reste, quoiqu'on lui ait, à juste titre, reproché d'avoir toujours sacrifié les intérêts du peuple à ceux du souverain, on peut dire que peu d'administrateurs ont possédé comme lui le rare talent de se procurer des ressources puissantes dans des circonstances aussi délicates que celles où il s'est trouvé, circonstances où il fallut remonter la marine; ranimer le commerce extérieur, très-négligé & réduit presqu'à rien; défendre efficacement les colonies d'Afrique & d'Amérique, ainsi que les établissemens de la compagnie des Indes; lever de nouvelles armées pour remplacer les anciennes, presque fondues (1); soutenir un fantôme d'Empereur, privé de ses états, &

(1) Après la bataille de Dettingen, le Maréchal de Broglie remit au comte de Saxe, alors à Wimpfen, sur le Necker, sous les ordres du Maréchal de Noailles, environ 25000 hommes, tristes débris de plus de 130000 envoyés en Empire, où la plupart périrent par la désertion, le froid & la misere, plus que par les armes.

n'ayant pas même de quoi soudoyer ses troupes & payer sa maison, où il falloit enfin faire face à celles d'Autriche en Allemagne, en Flandres & en Italie, & se préparer à combattre contre l'Angleterre, la Hollande & la Sardaigne.

Telle étoit la situation des affaires, lorsque la Duchesse apprit avec colere que Marie-Thérese venoit de faire pendre, en place publique, un imprimeur de la ville de Stadt-am-hoff, qui avoit, par ordre de Charles VII, son maître, imprimé une protestation de ce prince, & de présenter dans Francfort même à la direction impériale des mémoires dans lesquels son élection, quoiqu'incontestable, étoit qualifiée de *nulle de toute nullité*. En effet, le nouvel électeur de Mayence, archichancelier, élevé à cette dignité plus fastueuse qu'elle ne donne d'autorité, s'oublioit au point d'enrégistrer ces pieces ridicules au protocole de l'Empire, & le Roi d'Angleterre, comme électeur d'Hanovre, répondoit, en même temps, à la Reine de Hongrie & à l'électeur de Mayence qu'ils avoient raison. Pour comble de disgrace, M. de la Nouë, ministre de France à la Diette, venoit de faire, le 21 juillet, une déclaration portant que sa majesté très-chrétienne, étant informée que les princes vouloient interposer ſeur médiation pour faire ceſſer la guerre entre l'Empereur & Marie-Thérèſe ; avoit donné ordre à ſes armées de revenir ſur les frontieres de ſon royaume, attendu qu'elles n'étoient qu'auxiliaires, & pour donner, en même tems, au Corps Germanique ce témoignage de ſon attention & de ſon déſir ſincere pour la paix. En conſéquence de cette cruelle déclaration, le maréchal de Noailles s'étoit retiré ſur le Rhin, & avoit chargé le comte de Saxe du ſoin difficile d'aider le maréchal de Coigny, qui commandoit en Alſace, à empêcher le prince Charles de Lorraine, grand duc de Toſcane, à paſſer ce fleuve. La France pouvoit-elle faire de plus grands ſacrifices ?

Inſenſibles aux démarches de nôtre miniſtere, l'Angleterre & l'Autriche, trop fieres de leurs avantages, ayant eu l'inſolence d'exiger non-ſeulement la démiſſion de Charles, mais même qu'il demandât lui-même ſon ennemi pour Roi des Romains, la ducheſſe de Chateauroux ne put tenir à cet excès d'humiliation, qui retraçoit ſi bien ces momens cruels où l'on voulut obliger Louis XIV à concourir à chaſſer ſon petit-fils du trône où il l'avoit placé. Elle rappella à Louis XV les conférences de Gertruydemberg ; elle lui fit

ſentir

ſentir qu'il ne pouvoit, ſans ſe couvrir de honte, abandonner un prince qui n'étoit malheureux que pour avoir eu trop de confiance dans les promeſſes ſolemnelles de la France; enfin, elle inſpira tant d'énergie à ſon auguſte amant que, rougiſſant d'avoir moins de vigueur & d'élévation dans l'âme, que ſa maîtreſſe, il voulut eſſayer de ſe meſurer avec un prince digne de lui, & chercha dans les fréquens conſeils qui ſe tinrent l'hyver, à prévenir les malheurs qui menaçoient le royaume, à détacher quelques-uns des membres de la ligue formidable qui s'étoit formée contre lui, à former de nouvelles alliances, à mettre plus de nerf & plus d'enſemble dans l'éxécution des projets, à les mieux combiner, enfin à rétablir la malheureuſe entrepriſe du prince Edouard, le bâton de maréchal ou comte de Saxe, ce héros qui nous a fait chanter tant de *te Deum*.

Pluſieurs perſonnes ont prétendu que nous devons uniquement au comte d'Argenſon le parti que le Roi prit de ſe mettre lui-même à la tête de ſes armées; ce qu'il y a de certain, c'eſt que, s'il y a contribué, ce fut pour peu de choſe. La Ducheſſe qui, à beaucoup de défauts, joignoit la plus grande fermeté, ſe regardant plutôt comme la compagne de

Louis XV, que comme sa maîtresse, comptoit, par cette inspiration magnanime, se concilier la nation, un peu prévenue sur son compte, mériter les éloges des personnes les plus sensées de l'armée & l'admiration des étrangers. Dans son imagination exaltée, envisageant son amant comme un jeune héros, nouvelle Agnès Sorel elle s'associoit à ses victoires ; elle montoit avec lui sur son char de triomphe, & couvroit, par l'éclat de sa gloire, l'opprobre de son rôle de favorite. Le ministre, trop sage pour se repaître de ces chimeres brillantes, alloit à ses fins, qui étoient de s'insinuer plus avant dans les bonnes graces du maître, d'augmenter son crédit, déjà immense, de se ménager plus d'occasions de se faire des créatures, de rendre son administration plus recommandable, & de s'attribuer enfin tous les bons succès qu'il sembleroit accélérer par sa présence, par la sagesse de ses avis & par la célérité de ses ordres.

L'année précédente, le maréchal de Noailles ayant empêché le Roi d'aller en Alsace, sous prétexte, lui écrivit-il, *que les affaires n'étoient ni assez bonnes, ni assez mauvaises pour que sa Majesté fît alors cette démarche* : le Comte & la Duchesse, pour que les généraux, qui se soucioient fort peu de sa présence, & sur-tout de la leur, ne le détournassent encore de son projet, l'engagerent à tenir sa résolution secrette. On agita ensuite de quel côté le Monarque se porteroit ; mais attendu qu'en Alsace, ou sur le Rhin, on prévit qu'on resteroit mutuellement sur la défensive, on convint qu'il se rendroit à Lille pour faire la campagne de Flandres, où tout étoit disposé pour une guerre offensive dans les Pays-Bas Autrichiens. Madame de Châteauroux, quoique dame du palais de la Reine, dût suivre le Roi secrettement à la vérité, mais non assez néanmoins pour sauver le scandale ; car, quoiqu'elle ne logeât pas directement avec lui, les ordres donnés à tous les corps municipaux de lui ménager une maison attenante à la sienne, & d'y ouvrir des communications, firent voir bien facilement ce qui en étoit aux ouvriers qui perçoient les murs & aux personnes qui voulurent exercer leur maligne curiosité.

Depuis long-tems, ivre de plaisirs, comblée de faveurs sans nombre de son royal amant, aussi respectée, quelquefois plus, que la Reine elle-même, de tout ce qu'il y avoit de plus grand dans l'armée, la Duchesse se félicitoit du bonheur qui accompagnoit ses pas : un événement inattendu suffit pour la convaincre qu'il ne falloit qu'un inſtant pour la rendre la plus infortunée des femmes. Le Roi fut attaqué, à Metz, d'une fievre maligne & putride à la fois, qu'on attribua à l'uſage immodéré qu'il avoit fait, depuis quelques années, du vin, des liqueurs fortes, à des excès, dans un autre genre, qui n'avoient pu que contribuer à enflammer ſon ſang davantage, aux fatigues de la campagne, au ſoleil enfin qu'il avoit eu long-tems ſur la tête, dans une marche, & qui lui avoit frappé violemment la cuiſſe. Sa maladie devint, en peu de tems, ſi dangereuſe, qu'on ſe détermina à le faire adminiſtrer, & à lui propoſer d'éloigner ſon amante. Le duc de Chartres, le même qui épouſa la fille du feu prince de Conti, cette nouvelle Meſſaline de nos jours, qui mourut, comme la ducheſſe de Berry, à la fleur de ſon âge, ſe chargea, en qualité de premier Prince du ſang, de lui annoncer le danger qu'il couroit, & lui ſuggérer ce que la religion lui preſcrivoit de faire en ſes derniers momens. Un de ces miracles, que la nature offre quelquefois, pouvoit ſauver le Monarque; le duc de Richelieu, craignant de ſe brouiller tôt ou tard avec le malade auguſte & ſa favorite à la fois, s'oppoſa, tant qu'il put, à ce qu'on n'alarmât point le mourant, en effrayant ſa conſcience ; mais il fut à la fin forcé (1) de céder au reſpect, à la ſupériorité d'un Prince trop attaché aux minuties de l'égliſe pour être grand, mais que la couronne regardoit après le Dauphin.

La Ducheſſe, depuis la maladie du Roi, n'avoit pas quitté le chevet de ſon lit ; encore ivre de ſa paſſion, ſon amant lui juroit qu'il ne regrettoit qu'elle & ſes ſujets. Quel bonheur pour la France, ſi le cardinal de Fleury eût perfectionné chez ſon auguſte pupille ce jugement exquis qu'il a toujours montré en mille occaſions critiques, s'il l'eût aiguillonné par les grands motifs de devoir, du bien public & de la gloire ; ſi, le rompant de bonne heure au travail par l'habitude, il en eût fait un jeu ! L'arrivée de l'évêque de Soiſſons, premier aumônier de ſa Majeſté, & dont étoit accompagné le duc de Chartres, fit juger à la favorite

(1) « Vil eſclave, lui dit le duc de Chartres, » furieux de ſa réſiſtance, tu refuſeras la porte au plus » proche parent de ton maître » ? Là-deſſus, d'un violent coup de pied, il enfonça le battant & entra. Ce bruit ayant excité la curioſité du Roi, ſon Alteſſe, encore toute émue, ſe plaignit de l'inſolence du Duc, qui reçut ordre de ſe retirer ſur le champ, humiliation momentanée, qui fut bientôt récompenſée par la plus haute faveur.

que ſon regne alloit finir ; elle ſe retira, & le prélat remplit ſon miniſtere avec toute la rigueur qu'il preſcrivoit. Il exigea de Louis XV, avant de lui donner le ſaint Viatique, non-ſeulement qu'il éloignât de ſa perſonne un objet ſi cher à ſon cœur, mais même qu'il réparât le ſcandale public par une amende honorable à Dieu, en préſence des princes, des courtiſans & du peuple. Le pénitent, dont l'ame étoit naturellement puſillanime, devint tremblant à cette époque de la vie où les plus grands courages s'affoibliſſent ; frappé des terreurs religieuſes, il joua littéralement le rôle qu'on lui dicta, & le comte d'Argenſon fut chargé de lui intimer l'ordre. Ce Miniſtre, qui ne cultivoit la favorite que par politique, & qui la déteſtoit au fond de ſon ame, ſe voyant déſormais ſans crainte, eut la lâcheté, indigne d'un homme de génie, de s'acquitter, avec la plus grande dureté, de la miſſion déſagréable qu'on lui avoit confiée.

Madame de Châteauroux, infiniment plus grande en cet inſtant cruel que Louis XV & tous ceux qui la tranniſoient, reçut la diſgrace avec la fermeté d'une héroïne au deſſus de tous les revers. Elle monta en carroſſe avec la ducheſſe de Lauraguais, ſa ſœur, & s'éloigna d'un air auſſi fier que mépriſant, mais

La Duchesse
De Chateauroux

elle ignoroit ce qu'elle devoit souffrir en route. A peine fut-elle hors de la ville que chacun lui prodigua toutes les huées, dont une multitude effrénée accable ordinairement ceux qui ont mal à propos usurpé ses hommages. Regardée comme la cause de la maladie d'un prince, alors l'idole de la nation & l'objet de ses regrets, elle fut accablée d'injures atroces, de menaces effrayantes ; les paysans la suivirent, dans les campagnes, aussi loin qu'ils purent, & semblerent se transmettre successivement l'affreux emploi de la maudire & de l'outrager. Ce fut par une espece de miracle qu'elle évita cent fois d'être mise en pièces. Il lui fallut prendre des précautions infinies, lorsque la voiture approchoit de quelques ville, bourg ou village, la duchesse étoit obligée de s'arrêter à plus d'une demi-lieue de distance, d'où, détachant quelqu'un de sa suite pour prendre les relais & reconnoître les faux fuyans, elle tâchoit de se dérober à la rage des villageois. Ce fut dans ces craintes mortelles qu'elle parcourut plus de vingt lieues avant de se rendre à Paris, où le peuple ne l'auroit pas mieux accueillie que celui des Provinces, si, trop occupé de sa douleur, il eût pu alors faire autre chose que d'aller aux églises, & voler à la poste, au palais, à l'hôtel de ville & à ceux des grands seigneurs, pour apprendre des nouvelles de la santé du Monarque.

Ce prince, auquel on donna trop vîte le surnom glorieux de bien-aimé; ayant eu le bonheur d'échapper aux traits de la parque, revient dans sa capitale, où son entrée fut un vrai triomphe que la joie, les acclamations & les transports de ses sujets rendirent plus touchant encore qu'il n'étoit majestueux par la pompe qui l'accompagnoit, mais, au milieu des fêtes, de l'épanchement, la sensibilité des François, le cœur de Louis XV n'étoit pas rempli ; l'image de sa chere Châteauroux s'y reproduisoit plus vivement que jamais, c'étoit la seule à qui sa maladie avoit été fatale. Condamnée par son amant même à vivre dans la retraite & dans les larmes, elle ne pouvoit participer à l'allégresse générale; il se reprochoit sa foiblesse; indigné sur-tout contre l'Evêque de Soissons, il auroit voulu réparer l'inhumanitée qu'on lui avoit témoignée dans l'éxécution de ses ordres en la rappellant auprès de lui avec un éclat capable de lui faire oublier l'humiliation du renvoi, mais le respect humain, ce tyran des rois, plus encore que des autres hommes, le retenoit avec d'autant plus de force que la Reine, lui ayant donné

les

les marques du plus parfait attachement, il ne pouvoit se dissimuler qu'elle ne souhaitoit pour toute reconnoissance que d'être remise en possession de ses droits. La nature, hélas! n'étoit point d'accord avec le devoir, & sous prétexte de réparer ses forces affoiblies par la violence du mal & la quantité des remedes, il différoit tous les jours de l'en faire jouir. Ceux qui connoissent l'empire des passions previnrent bientôt ce qui arriveroit.

En effet, le Duc de Richelieu, à qui le Monarque avoit restitué toute sa confiance, chercha a tirer tout le parti possible de la situation du cœur de son maître. Dévoré de la soif des grandeurs, ce seigneur se voyoit encore loin du terme où il aspiroit, & il sentit qu'il ne pouvoit y parvenir qu'en ramenant à la Cour madame de Châteauroux. En conséquence, il leva tous les scrupules du Roi, & fit faire des parties de chasse où il ménagea sécrettement à cette amante délaissée les occasions de le recevoir & de reprendre sur lui son ancien empire. Enfin ce prince, las de se contraindre, se plaignit hautement qu'on eût abusé de son état à Metz pour souiller sa gloire, en le forçant a traiter indignement une personne qui n'étoit coupable que d'un excès d'amour a son égard; fermement résolu de la rétablir dans son rang, ses titres & ses dignités, il prépara son triomphe en la vengeant d'abord de l'Evêque de Soissons qui eut injonction de se retirer dans son diocèse, & du comte d'Argenson, qui, lui ayant porté l'ordre de son exil, fut chargé de lui annoncer son rappel & de lui demander la liste de tous ceux dont elle exigeoit la punition. Cette révolution dans ses affaires fut la source de la perte de la duchesse; trop pénétrée encore de la barbarie avec laquelle le ministre de la guerre l'avoit traitée, elle le mit en tête de la liste fatale, mais ce nouveau Séjan, voyant qu'il n'y avoit aucune réconciliation a espérer avec elle, prit le parti, le seul qui restoit à un pareil monstre, de la gagner de vîtesse en s'en débarrassant pour jamais. On se permit, dans le temps, cette assertion, fondé que l'on étoit sur les vices du comte qui ne devoit qu'à des infamies le haut rang où il étoit parvenu, mais quel danger y auroit-il aussi de penser qu'elle trouva la mort, le 8 décembre 1742, dans l'excès de la joie qu'elle éprouva dans les embrassemens du Roi non moins empressé qu'elle, & pour s'être dégarnie, baignée & parfumée dans un temps critique?

Cette perte, également frappante par son époque & ses circonstances affreuses, plongea

Louis XV dans une profonde mélancholie. Si l'on mesure, en effet, son désespoir sur sa passion, il dut être extrême. Madame de Châteauroux avoit repris un tel ascendant sur lui qu'elle lui avoit dicté la loi une seconde fois. Outre les conditions qu'on a vues, pour réparation de l'outrage, qu'elle avoit reçu aux yeux de l'Europe entiere, par son expulsion ignominieuse, elle avoit exigé une satisfaction authentique, & non moins éclatante, celle d'être nommée surintendante de la maison de madame la future Dauphine, & l'aveugle Souverain y avoit consenti : on peut, on doit lui donner ce nom, car, en accordant à sa maîtresse cette place de confiance & de représentation, qui n'appartient qu'à une personne d'une réputation intacte, d'une conduite irréprochable, c'étoit afficher le scandale, c'étoit couronner le vice, c'étoit insulter les mœurs, l'honnêteté publique, la cour d'Espagne enfin, dont l'étiquette austere l'auroit fait s'indigner d'un choix aussi infâme. Heureusement la mort prévint tant de maux, & la dérogation à toute pudeur fut sans fruit ; mais il résulta toujours, de la réconciliation du Roi avec la Duchesse, une impression fâcheuse dans le peuple, qui altéra si sensiblement son amour, que l'on entendit les femmes de la halle, si célebres

F 2

dans les salles de la révolution, s'écrier : « ah !
» ah ! il a repris sa P.....? Oh bin ! qu'y s'pré-
» sente à Paris, y n'trouvera tanseulement pas
» un *Pater.....!* »

LA MARQUISE DE FLAVACOURT.

Louis XV sentit toujours, malgré lui, pour le sang de la maison de Nesle, un attrait si particulier qu'il auroit voulu jouïr de toutes les sœurs de sa premiere maîtresse ; en conséquence, il adressa ses vœux à la marquise de Flavacourt. C'étoit une beauté tendre, ingénue, ce qui la faisoit appeller *la Poule*, par les courtisans accoutumés à tourner tout en ridicule ; sa conduite répondoit à sa figure, & ne donnoit aucune prise à la médisance. Cependant le tendre Monarque, loin de se rebuter, ne fit que de plus grands efforts ; mais le marquis de Flavacourt, homme singulier, qui avoit la manie de ne point faire consister son bonheur dans la honte de sa femme, qu'il aimoit d'ailleurs, dit-on, d'une façon assez bourgeoise, la menaça si sérieusement de laver son injure dans son sang, que la Marquise, qui connoissoit son cher époux capable de casser la cervelle à son rival, & à elle-même, & de se la brûler ensuite fort tranquillement, préféra le repos de ses jours, au plaisir, plus envié que flatteur, de se convaincre par elle-même si les souverains ont autant de vigueur dans les combats amoureux qu'ils surpassent leurs sujets en force & en puissance.

LE DUC DE RICHELIEU.

Louis François Armand Duplessis, duc de Richelieu, nâquit le 13 mars 1696 & fut fait, le 15 du même mois 1718, colonel du Régiment aujourd'hui Béarn. Ambassadeur extraordinaire à Vienne en 1724, chevalier des ordres le premier janvier 1729, & brigadier le 20 septembre 1734, il fut successivement nommé maréchal de camp le premier mars 1738, premier gentilhomme de la chambre le 14 février 1744, lieutenant général le 2 mai suivant, ambassadeur extraordinaire à Dresde en décembre 1746, maréchal le 11 octobre 1748, noble génois le 17 du même mois de la même année, gouverneur de Guienne & de Gascogne le 4 décembre 1755 & doyen du tribunal du point d'honneur, le 16 mars 1781. C'étoit un grand & bel homme, bienfait, d'une physionomie gracieuse, extrêmement galant, tenant à la fois & du goût chevaleres que de la vieille cour & de la corruption de la régence ; à cinquante ans, les voluptés avoient encore le plus vif attrait pour lui, quoique déja absolument vieilli avant le tems par leur trop grand usage. Passionné pour les femmes dont il fut toujours très-bien traité, il avoit la manie, pour ne pas dire plus, de vouloir sans cesse afficher ses conquêtes, ce qui lui attira quantité d'affaires facheuses ; dont, cependant, il se tira, toujours tiré avec honneur, car il étoit aussi brave & adroit, qu'il étoit libertin & imprudent. A un grand fond d'esprit, il joignoit une gaiété qui le rendoit très-amusant. Fort riche mais prodigue, il étoit d'autant plus avide de la faveur qu'il en avoit plus besoin pour réparer les breches fréquentes que ses plaisirs faisoient a sa fortune. Heureux constament, il avoit, semblable au fameux duc de Marlboroug, réussi dans tout ce qu'il avoit entrepris. Quoique d'une naissance très-disproportionnée, il avoit épousé une princesse de la maison de Lorraine, & ce mariage lui ayant suscité une querelle, celle-ci ne servit qu'à rehausser l'éclat de sa gloire dans un fameux duel dont il sortit vainqueur. Nommé lieutenant général de la province de Languedoc avec le commandement, il avoit eu assez d'adresse pour déterminer les états, au commencement de la sanglante guerre de 1741, à offrir au Roi de lever, habiller, armer, équiper, monter & entretenir, durant tout son cours, un régiment de dragons sous le nom de *Septmianie.* Flattée de ce présent, sa majesté avoit reconnu le service du pere en nommant le fils, le duc de Fransac, colonel de ce beau régiment, & en l'attachant plus particuliérement encore à sa personne par le don de la place de premier gentilhomme de la chambre, vacante par la mort du duc de la Rochechouard, tué à la bataille de Dettingen, en faisant des prodiges de valeur. C'est au duc de Richelieu, qui en avoit reçu le conseil auparavant d'un officier subalterne d'artillerie, que nous devons le gain de la bataille de Fontenoi, la premiere que les rois de France aient jamais gagnée en personne contre les Anglais, ce Peuple-Roi, qui a la fermeté de dire à ses souverains qu'on n'a pas besoin d'eux pour être heureux, & de leur faire leur procès quand ils ont commis le crime irrémissible de lèse-nation. Il commanda ensuite en Hanovre, où il ne retira que de quoi payer ses dettes, dont l'immensité faisoit déjà trembler ses créanciers. Ses différentes aventures avec M. le marquis de Noë & madame de Saint-Vincent, que tout le monde connoît, achevent de donner une idée du caractere d'un homme qui a le plus contribué à la délapidation de nos finances. Il vient heureusement de mourir à l'âge de plus de quatre-vingt-dix ans.

LA DUCHESSE DE LA ROCHECHOUARD.

Depuis la mort de la duchesse de Châteauroûx, les plus jolies femmes de la Cour, & même celles qui ne l'étoient pas, enhardies par le premier choix de Louis XV, se mirent sur les rangs sans succès. Entr'elles, on distingua particuliérement la duchesse de la Rochechouard, veuve depuis un an, charmante personne, s'il en fut jamais, ou plutôt c'étoit une véritable Hébé. Elevée avec le Monarque, avec qui elle avoit vécu à Rambouillet dans une sorte de familiarité, elle fit tous ses efforts pour plaire à un Prince très-séduisant, lors même qu'il n'eût pas été revêtu du diadême, mais toujours inutilement. Par une comparaison trop énergique, cependant juste, malgré l'image peu honnête qu'elle offre, on disoit « elle est comme les chevaux de » la petite écurie, toujours présentés & jamais » acceptés ». Outrée de dépit, elle épousa en secondes noces le comte de Brionne, & mourut dix-huit mois après.

LA

La Marquise
De Pompadour

LA MARQUISE DE POMPADOUR.

Malgré les calamités de la guerre, les réjouissances les plus brillantes eurent lieu dans tout le royaume, à l'occasion des noces de l'héritier présomptif de la couronne avec l'infante d'Espagne, dont ce prince fut enchanté quoiqu'on crût s'appercevoir que, malgré une figure aimable & l'éclat de son âge & de son rang, il n'avoit pas fait sur son âme une impression aussi vive. Paris sur-tout, qui surpasse infiniment en grandeur & en richesses les autres capitales, se signala par des temoignages de zèle & d'affection envers la famille royale.

L'objet de ceux qui exciterent la ville à donner des spectacles extraordinaires, étoit non-seulement de faire connoître à l'Europe l'amour du François pour ses maîtres, mais de causer une diversion à la tristesse qui n'abandonnoit pas Louis XV; les femmes de la Cour, n'ayant fait qu'effleurer son cœur, on se flatta que, parmi celles du second ordre, peut-être même parmi les bourgeoises de la Capitale, qu'on pouvoit lui faire passer en revue de cette manière sans affectation, l'amour trouveroit une nouvelle occasion d'enchaîner cet esclave couronné : à cet effet, il y eut un bal à l'hôtel de ville que le Roi & les nouveaux époux promirent d'honorer de leur présence, & afin de mieux remplir le but de la fête, tout le monde y fut admis masqué.

Louis XV s'y étant rendu avec toute sa Cour sous des habits aussi bizares qu'élégans, vit avec une agréable surprise tant de beautés rassemblées. Ce n'étoit point de ces attraits fardés, de ces charmes soutenus ou ravitaillés par l'art, tels qu'il avoit coutume d'en rencontrer dans ses palais, c'étoit la nature elle-même, qui sembloit avoir choisi ce jour pour étaler ses plus parfaits ouvrages. Enchanté d'une perspective aussi brillante, le Monarque erroit sur chacun des objets dont elle étoit composée, lorsqu'une jeune blonde d'une taille swelte & paîtrie de grâces fixa ses regards. Elle étoit habillée en amazône, son carquois & son arc sur ses épaules; ses cheveux, flottans par boucles, étoient parsemés de pierreries, & une gorge charmante, aux deux tiers découverte, achevoit d'irriter les desirs: » Belle » chasseuse, lui dit sa Majesté, heureux ceux « que vous percez de vos traits...! » C'étoit le moment précieux d'en lancer un mortel dans le cœur du Roi, mais, soit qu'elle ignorât qui lui parloit, soit qu'éprise ailleurs elle fût peu flattée de cette conquête, soit plus vraisemblablement que son amour-propre trop exalté lui fît perdre la tête, l'esprit lui manqua tellement, que, sans répondre, elle courut se précipiter & se confondre dans la foule des masques.

Une contredanse anglaise, fort en vogue en ce tems-là, exécutée par une vingtaine de jeunes filles que leur vive fraîcheur rendoit semblables aux célestes Houris, effaça sur le champ l'impression qu'avoit causée la Diane moderne. Le feu du desir couloit dans les veines du Roi, incertain, hors de lui-même, il eut voulu les posséder toutes, mais, comme elles étoient masquées, il eut fallu, pour le tirer d'embarras, que quelqu'une se fût découverte; dès la premiere, son âme, qui ne cherchoit qu'à être remplie, en eût reçu l'image avec avidité. Ayant en vain attendu, il passa à une des extrémités de la salle, où étoient placées sur des estrades disposées en forme d'amphithéâtre, des femmes de condition médiocre qui ne le cédoient en rien pour la parure aux femmes d'un rang plus distingué, & qui portoient de plus qu'elles sur la physionomie cette gaieté franche, indice du vrai bonheur qu'on ne trouve que dans la médiocrité.

Telles furent les refléxions de sa Majesté en

les confidérant & en enviant leur fort. Elle en fortit bientôt pour examiner un mafque qui vint la lutiner, c'étoit la charmante Jeanne-Poiffon, femme de le Normand d'Etioles, fermier général, neveu & héritier de charles le Normand de Tournehem, placé pour trois cent mille livres fur le cinquième rôle des fripons taxés par la chambre ardente fous le Régent. Née elle-même dans la claffe la plus abjecte, elle étoit fille d'un boucher des Invalides, perfonnage crapuleux, bas, groffier, très-cauftique, d'une franchife de fauvage, quoique ne manquant pas d'un certain efprit. Sa mere, une des femmes les plus dévergondées qu'il foit poffible de voir, fans frein, fans pudeur, après avoir trafiqué de fes charmes, avoit compté fur ceux de fa fille, & à force de lui dire qu'elle *étoit un morceau de Roi*, lui avoit infpiré le defir d'être la maitreffe du Monarque, défir qui s'étoit tellement accru, qu'elle n'avoit négligé aucune occafion de le remplir. Depuis la mort de la ducheffe de Châteauroux fur-tout, elle fe préfentoit à toutes les chaffes de Louis XV, cherchoit tous les moyens de s'en faire remarquer, & effayoit toutes les manières de fe mettre propre à fixer fes regards; qu'on juge fi elle eut garde de laiffer échapper l'occafion du bal. Après avoir long-tems excité par ses agaceries & ses propos spirituels la curiosité impatiente du Roi, elle feignit de céder à ses importunités, mais, par un rafinement de coquetterie, à peine se fut-elle démasquée, qu'elle se rejetta, en même tems, dans un grouppe de monde, sans toutefois se laisser perdre de vue. Elle tenoit alors un mouchoir ; & soit exprès, soit involontairement, il lui échappa des mains : Louis XV le ramassa avec empressement, mais ne pouvant du bras atteindre où elle étoit, il le lui jetta le plus civilement qu'il put. Ce fut le premier triomphe de madame d'Etioles. Un murmure confus se fit entendre aussi-tôt dans la salle avec ces mots : » Le mouchoir est jetté ! » Et toutes ses rivales furent livrées au désespoir.

Le Roi, qui avoit reconnu dans cette belle la femme qu'il avoit déja considérée plusieurs fois avec émotion dans ses chasses, en devint plus amoureux. Deux subalternes, Binet, un des premiers valets de chambre de sa Majesté, & cousin de Madame d'Etioles ; & de Bridge, l'un des écuyers & ami de cette dame, nourrirent adroitement cette passion, & la séduction de son esprit acheva la défaite de son amant qui en fut blessé à ce point où l'on ne veut que de la solitude & un confident.

Le Duc de Richelieu continuoit a jouir de

plus en plus, en cette partie, de la faveur de son maître qui lui avoit sçu le plus grand gré de sa résistence aux volontés du Duc de Chartres; depuis ce moment, sans cesse sur ses pas, il avoit tout observé & étoit conséquemment instruit de ce qui étoit nécessaire à savoir, de sorte que le Roi lui ayant ouvert son cœur, il le chargea du soin important & délicat de prendre les arrangemens les plus prompts pour le soulager. Madame d'Etioles n'étant pas d'un rang a faire ses conditions comme les femmes de qualité qui l'avoient précédée, fût dans la nécessité, pour réussir, de se prêter à toutes les volontés du Monarque; cependant elle ne le fit qu'avec une réserve propre a maintenir & accroître son empire, déja d'autant plus grand qu'elle avoit dans son esprit & dans ses talens des ressources pour suppléer au vuide d'une passion trop tôt satisfaite. En effet, n'ayant pas tardé à le subjuguer par l'art merveilleux qu'elle eut de l'amuser, elle le conduisit à son but en se faisant déclarer & reconnoître pour maîtresse absolue, & il fut décidé qu'elle l'accompagneroit en Flandres, où il se disposoit encore à aller commander son armée, mais qu'elle garderoit une sorte d'incognito.

Madame Poisson étoit à l'extrémité lors de l'entrevue de sa fille avec le Roi; cette nouvelle seule sembla prolonger son existance, & comme s'il ne lui restoit plus rien a désirer après la certitude qu'elle étoit favorite en titre, elle dit tout haut qu'elle n'avoit plus que faire au monde, & expira. Quant au pauvre le Normand d'Etioles, il étoit trop épris d'une femme charmante, qu'il possédoit d'ailleurs depuis peu, pour n'être pas vivement affecté de son abandon; l'espoir des graces ne put éteindre son amour, & il n'en vit aucune capable de le dédommager d'une perte aussi précieuse pour son cœur. Irrité, furieux, désespéré, il eut successivement recours aux larmes, aux reproches, aux imprécations. L'excès de sa tendresse pour une femme indigne de lui, fut la source de sa perte; son infidele, craignant que, dans un moment de frénésie, son mari ne se portât à quelqu'extravagance, il fut le premier, contre qui elle exerça son pouvoir en le faisant exiler. Ce comble de barbarie lui causa une maladie grave qui le conduisit aux portes du tombeau, mais qui produisit, en même tems, l'effet le plus heureux, celui de lui désiller les yeux, & il recouvra à la fois la santé du corps & la paix de l'âme.

Sur ces entrefaites, la gloire dont le Roi s'étoit couvert à Fontenoi, & durant toute la campagne, lui faisoit pardonner sa foiblesse d'avoir mené avec lui sa maitresse, qui d'ailleurs, au lieu de s'afficher comme la Duchesse de Châteauroux, s'étoit tenue dans l'ombre, & conduite avec tant de réserve que beaucoup de gens même ignoroient qu'elle fût à l'armée, précaution d'autant plus sage qu'il convenoit de dérober aux yeux du Dauphin un commerce d'un trop funeste exemple au commencement de son Hymen. Que ce mystere n'eut-il pu durer toujours! mais la passion de Louis XV, loin de s'éteindre par la jouissance, s'accrut d'une maniere si violente, & l'ambition de la favorite prit un tel essor, qu'on ne parla bientôt plus que d'elle d'un bout du royaume à l'autre. Devenue le canal des graces qu'elle ne put concentrer en elle ou dans sa famille, elle nomma & disgracia les ministres & généraux, mais surtout elle présida aux plaisirs, seul emploi qui étoit vraiment de son ressort & qu'elle remplit avec tout le goût possible.

Pour satisfaire aux dépenses extraoridnaires que coûtoient journellement mille & mille divertissemens divers où la favorite n'épargnoit rien, parce qu' ils étoient les plus sûrs moyens de perpétuer l'enchantement de son royal esclave, il falloit à la tête des finances, un homme absolument à ses ordres. Le sieur Orry, encore dans les principes économiques du cardinal de Fleury,

Fleury, avec peine, à consacrer à des superfluités des trésors qui ne devoient être employés qu'à la défense & à la prospérité de l'Etat. D'ailleurs il réunissait à sa place de contrôleur général, celle de directenr général des bâtimens qu'elle vouloit faire tomber à son frere Poisson. Il n'étoit gueres possible de l'en dépouiller tout-à-fait; au-lieu qu'en le disgraciant, son successeur s'estimeroit encore assez enrichi de sa dépouille. Le motif intéressoit trop madame d'Etioles pour y résister. Le sieur Orry fut, le 4 Décembre 1745, renvoyé, & à l'instar de la plus grande partie de ses pareils, qui ne peuvent se persuader que le crime seul cause l'humiliation, mais non la privation des graces d'une Cour corrompue, il y fut si sensible, qu'il ne survécut que deux ans. Il fut remplacé par le sieur Marchault d'Arnouville, intendant du Hainault, lequel, quoique peu rampant & d'un caractere ferme, crut devoir céder aux circonstances, & souffrit sans murmurer le partage qu'on voulut faire. Le sieur le Normand de Tournehem obtint en même tems la direction générale des bâtimens, en attendant qu'elle pût être exercée par son neveu, qui venoit d'être nommé marquis de *Vandieres* ou *d'avanthier*, comme s'exprimoient assez hautement les courtisans, qui, malgré leurs quolibets & leurs calambours, ne purent cependant l'empêcher, le 15 suivant, d'en avoir la survivance. Quelque tems auparavant, sous prétexte qu'il ne lui convenoit plus qu'elle portât le nom de son mari, elle s'en étoit fait séparer par ordre du roi, qui alors l'avoit qualifiée marquise de Pompadour, nom d'une ancienne famille qui est éteinte.

L'année suivante, le roi se préparant à faire sa troisieme campagne, le dauphin lui demanda la permission de partager ses travaux & ses périls, mais quoiqu'il allégât que la dauphine étoit enceinte, son humeur austere & ses yeux trop clairvoyans n'étant point du tout du goût des Ministres, ils trouverent le moyen d'en dissuader le Monarque, sous le spécieux prétexte qu'il y avoit à craindre que l'ardeur du jeune prince qu'on avoit eu beaucoup de peine à contenir à Fontenoi, ne dégénérât en témérité & ne devînt plus fougueuse à mesure qu'il se familiariseroit avec la guerre. Sa Majesté, d'ailleurs, admit ce motif avec d'autant plus de facilité qu'il redoutoit d'avoir ce témoin de ses foiblesses, & il préféra en conséquence sa maîtresse à son fils, phénomène qui n'est pas moins commun dans les classes inférieures, mais qui fit encore diminuer de quelque dégré l'affection que la nation avoit pour son maître : cependant on peut dire que, si la tendresse des peuples réfroidissoit, leur admiration croissoit par l'éclat de ses nouvelles victoires. On ne s'informoit point qui les remportoit, si c'étoit lui ou le Maréchal de Saxe; il étoit présent, tout se rapportoit à un homme, qui, en apparence, remplissoit le premier devoir d'un pere de ses peuples, de s'exposer pour leur défense & pour leur ramener la paix, source de l'abondance & du bonheur public. Ce sentiment d'amour pour son Roi, qui semble un besoin pour les Français, dura jusqu'au mois d'avril, que le siège de la ville de Maëstricht, investie par la plus belle manoeuvre qu'ait jamais imaginée le célebre Maurice, avec le concours néanmoins de deux hommes uniques chacun en leur genre, M. de Cremille, maréchal général des logis de l'armée & M. Paris Duverney, aussi fameux dans l'art des subsistances, que le premier dans l'ordonnance des marches, produisit les préliminaires du honteux traité d'Aix la Chapelle, où la France qui avoit épuisé son sang & ses trésors, non-seulement ne recueillit aucun dédommagement, quoique victorieuse pendant cinq ans, mais parut recevoir la loi puisqu'elle s'engagea solemnellement a maintenir la couronne à la maison de

Brunſwick-Hanovre, au préjudice du petit fils de Jacques II, l'infortuné prince Edouard, auquel on ordonna effectivement de quitter le royaume.

Tout Paris fut indigné de cette conduite, &, quelque ménagement qu'on eût employé pour qu'il ne lui arrivât point d'accident, lorſqu'il fut arrêté, on la compara hautement à celle de Louis XIV dont, par parenthèſe, la mémoire n'eſt plus dans une ſi profonde vénération que du tems de Boileau ; & l'on peut dire que c'eſt proprement à cette époque où a commencé à ſe manifeſter hautement pour le Souverain ce mépris général, qui n'a fait dans la ſuite que croître & embellir, & avec d'autant plus de raiſon, qu'il renonça à la gloire & à l'amour de ſes peuples en abandonnant les rênes de ſon empire à ſa maîtreſſe, dont le regne odieux devoit durer juſqu'à ſa mort.

Ce mépris éclata pour la premiere fois dans des vers ſatyriques où l'on diſoit à Louis XV, en parlant d'Edouard :

Quoi, Biron (1)! votre Roi vous l'a-t-il ordonné?
Edouard! eſt-ce vous d'huiſſiers environné?

---

(1) Le Duc de Biron ordonna à M. de Vaudreuil, Major des Gardes Françaiſes, d'arrêter le prince

Est-ce vous de Henri le fils digne de l'être ?
Sans doute. A vos malheurs j'ai pu vous reconnoître ;
Mais je vous reconnois bien mieux à vos vertus !
O Louis ! Vos sujets, de douleur abattus,
Respectent Edouard captif, & sans couronne,
Il est Roi dans les fers ! Qu'êtes-vous sur le Trône !

Et plus bas, apostrophant tout ce qui composoit la Cour.

Tout est vil en ces lieux, ministres & maîtresse.

L'empressement du public à rechercher ces vers, à les apprendre par coeur, à se les communiquer, choqua, on ne peut pas plus, la marquise; & comme il n'y a que la vérité qui offense, elle fit faire, par sa créature Berrier, lieutenant de police, homme dur, brutal, & insolent, les perquisitions les plus séveres des auteurs, colporteurs & distributeurs de ces pamphlets. Des Forges, qu'on accusa de les avoir composés, fut mis, ainsi que plusieurs autres, au mont saint-Michel dans une des affreuses *cages de fer*; (1) il y resta pendant quelques

---

Edouard, ce qui fut exécuté au moment où ce Prince allait entrer à l'Opéra.

(1) Après les cachots, les endroits les plus horribles dans les prisons d'état, ce sont les cages de fer, c'est-à-dire, des trous de six pieds de large, huit de long & sept de haut dans les murailles, les planchers,

années, que M. de Broglio, abbé de ce lieu, ayant eu pitié de son sort, obtint son élargissement, & lui donna pour secrétaire au duc, son frere, qui, devenu maréchal, le fit commissaire des guerres. Parmi ceux, en très-grand nombre, que l'on jetta dans les horribles cachots de la Bastille, on remarqua M. de Resseguier, chevalier de Malthe, qui, après avoir écrit contre la Pompadour, eut la lâcheté

---

la porte, le guichet pour recevoir la nourriture & vuider les immondices, sont des plaques de fer épais, il y en avoit à la Bastille, & dans les Châteaux de Blois, d'Angers, de Bourges, de Loches, & de Saint-Michel, les uns prétendent que Louis XI, est le premier qui en ait fait faire, les autres, & surtout Mézerai, assurent que l'idée & le plan en ont été donnés par un Evêque de Verdun, qui le premier en essaya une au Château d'Angers, pendant dix à douze ans. Au reste, c'est dans celle du Plessis-les-Tours que le premier, vers l'an 1430, fit renfermer le cardinal de la Balluë pendant onze ans. Louis XII, n'étant encore que Duc d'Orléans, également fait prisonnier en 1488, à la bataille de Saint-Aubin du Cormier, en Picardie, fut également incarcéré dans le Château de Bourges, & tous les soirs étoit obligé d'aller coucher dans la cage de fer; barbarie qui ne lui inspira pas plus de compassion pour Ludovic Sforce, Duc de Milan, qu'il condamna à périr dans celles de Loches, en Touraine.

de chanter ses louanges ; & M. de Mairobert qui n'avoit pas fait des vers, mais les distribuoit malgré les sages avis qu'on lui donnoit qu'il se feroit renfermer, ce qui lui valut en effet une dure & longue captivité, qui finit cependant par lui mériter dans la suite une place de censeur royal & la confiance de MM. de Malsherbes, de Sartine, le Noir, Albert & le Camus de Néville.

Un ministre, l'ami du Roi, si un Roi peut aimer réellement, qui devoit se croire inébranlable dans sa faveur, si la naissance, les longs services, l'attachement à son maitre, l'esprit, la gaieté, le don de plaire pouvoient préserver de la disgrace, ne tarda point à éprouver lui-même la vengeance de la Favorite. On prétend que le comte de Maurepas, qu'on doit reconnoître ici facilement, s'étoit permis de faire rire sa Majesté en mettant un jour sous sa serviette, à Marly, ce quatrain.

La Marquise a bien des appas ;
Ses yeux sont vifs, ses graces franches,
Et les fleurs naissent sous ses pas :
Mais, hélas ! ce sont des fleurs blanches.

Cette insulte, que peu de femmes eussent pardonnée, affecta d'autant plus la marquise, que l'on révéloit à toute la France un défaut ecret, que son amant ignoroit absolument ;

ainsi, quoiqu'il ne fût pas bien prouvé que le comte fût coupable, il reçut ordre de se démettre de ses emplois. d'Argenson eut le département de Paris, & les Haras du royaume, & Rouillé, qui ne connoissoit absolument rien aux ports, fut chargé de la marine, ce qui fit dire à quelques mauvais plaisans qui jouoient sur le mot : » On vient de donner la « marine a conduire à un rouillier. . . « néanmoins, malgré les plaisanteries des oisifs & des courtisans, le ministere se remplit insensiblement de ses créatures, & ceux qui ne l'étoient pas, tels que d'Argenson suspect à la favorite pour avoir tenté de lui substituer auprès du Roi sa maîtresse la marquise d'Estrades, avertis par la disgrace éclatante du comte de Maurepas, se tinrent dans la plus grande circonspection. Mais étoit-ce-là le moyen de diminuer la haine du peuple qui accusoit hautement les ministres & sur-tout la marquise, d'avoir fait une paix si peu avantageuse uniquement par jalousie de ce que le comte de Saxe avoit été fait Maréchal général, & nullement dans l'intention de diminuer les impôts ?

Effrayés des suites d'une pareille façon de penser, qui étoit absolument vraie quant au premier objet, les uns & les autres, sous prétexte de diminuer plus promptement les

charges

charges de l'état qui étoit extrêmement obéré & de soulager la nation surchargée de droits de toute espèce, firent rendre des ordonnances pour la réforme des troupes; elle fut considérable, & son exécution, qui eut lieu en septembre 1748, honora le comte d'Argenson, en ce qu'il n'en résulta aucun désordre dans le royaume; mais, loin de remplir son principal objet, elle ne produisit que des mécontens, & des gens sans emploi, sans subsistance & sans ressources. Un arrêt du conseil, en date du 4 février 1749, portant suppression de quelques menus droits établis pour subvenir aux dépenses de la derniere guerre, offrit une lueur d'espérance; cette derniere s'évanouit bientôt par l'édit qui convertit le dixième, établi en 1741, en un vingtième indéfini, & continua les deux sols pour livre du dixieme, afin d'opérer le paiement des dettes du royaume avec ces fonds versés dans une caisse d'amortissement. L'impôt territorial eût été bien plus simple, bien plus juste, bien plus fructueux, mais qui eut alors osé le proposer dans un pays peuplé d'esclave, de prêtres & d'hommes de justice!

Ce fut dans ces momens que l'on regretta pour la premiere fois le cardinal de Fleury. L'exécution du dernier édit, qui souffrit peu de difficultés dans les pays d'élection, où l'on s'en tint à de simples murmures, ayant été proposée avec précaution dans ceux d'états & au clergé, ceux de Languedoc refuserent net de s'y soumettre, ce qui les fit casser, & l'imposition en fut faite par les intendans, ces anciens tyrans de nos provinces, les plus fermes colonnes de l'affreux despotisme dont nous nous sommes affranchis le 14 Juillet 1789, que l'on peut considérer comme l'ère de la liberté française. Quant au clergé, sa résistance fut aussi vive; elle eût peut-être été suivie des foudres de l'église, mais le contrôleur-général, Machault, homme flegmatique, ferme & plein d'énergie, aidé rigoureusement de la marquise, transmit au Roi son intrépidité, & le mettant au-dessus de ces préjugés antiques, l'engagea à faire demander à son assemblée générale sept millions cent mille livre pour cinq années, imposables à raison de quinze cent mille francs par an au 17 Août, pour être employés au remboursement des dettes de cet ordre. On annonça en même-tems, que Sa Majesté adressoit au parlement une déclaration qui avoit pour objet de constater la valeur réelle des biens immenses des ecclésiastiques du royaume, & de réformer pour toujours les abus énormes qui se commettoient dans les chambres de décimes. Cette déclaration enregistrée le même jour, premier Juin 1749, & qui ne donnoit que six mois pour tout délai, étoit motivée de façon à intéresser le reste de la nation, puisque le monarque ne désiroit que proportionner aux richesses du haut clergé, les secours qu'il étoit nécessité à lui demander dans les besoins de l'état, & soulager efficacement le second ordre, qui, depuis long-tems se plaignoit avec raison d'être écrasé par l'inégalité des répartitions dont il étoit toujours la victime.

Le cardinal de la Rochefoucault, à qui on avoit accordé la présidence de l'assemblée, parce qu'on le connoissoit pour un personnage éloigné de tout fanatisme, modéré, sage, homme de cour, & capable de se ployer aux circonstances, ne fut pas le maître de contenir les prélats; entraîné lui-même par l'esprit de corps, si actif dans cet ordre dangereux, il suivit l'exemple de ses confreres, & il se plaignit au nom de l'assemblée, dans les termes les plus amers, que la déclaration attaquoit les immunités du clergé, annonçoit comme subsides *les dons gratuits* qu'il avoit coutume de faire, tendoit à lui faire payer le vingtieme comme les autres citoyens, & détruisoit l'honneur des ministres de l'église, en lui supposant des prévaricateurs dans les départemens des impositions. Rien de plus hardi, de plus faux, de plus insultant pour le Roi & la nation, que des assertions pareilles; mais la philosophie qui commençoit à faire des progrès, avoit appris que les membres du clergé, participant aux plus grands avantages de la société, devoient aussi en supporter également les charges, sous peine d'en être regardés comme des membres pourris, dont il falloit se défaire; que leurs prétendues immunités étant uniquement fondées sur l'imbécillité & l'avantage des Rois & des peuples, ces derniers étoient toujours en droit de revenir contre, parce qu'on ne prescrit jamais les droits de la raison, de la société & de l'humanité; que dans les principes même de l'église & des donnataires, ses biens étant ceux des pauvres, ils ne pouvoient reçevoir une destination plus juste en ce sens, qu'en les tournant à la libération de l'état entier fatigué pour le salut général; qu'enfin, c'étoit le clergé lui-même qui se déshonoroit en tolérant dans son sein des prévarications réelles, & constatées malheureusement par les réclamations de la plus nombreuse, la plus saine & la plus utile partie de ses membres. Loin donc d'avoir aucun égard à ces représentations absurdes, il fut ordonné à l'assemblée de délibérer; & le clergé n'ayant pas obéi sur le champ, intervint, le premier Septembre, un arrêt du conseil qui fit fermer les séances le 20 suivant, & commit les intendans pour faire la répartition & levée de ses deniers. Malheureusement, M. de Machault ne demeura pas assez long-tems contrôleur-général pour suivre l'exécution de ses sages projets. Il fut remplacé en 1750 [lorsqu'il fut nommé gardes des sceaux] par un homme mol & facile, & l'ordre de l'église préféra sauver par des sacrifices pécuniaires ses prétendues immunités. Mais la première atteinte une fois donnée en administration, a été un exemple d'émulation pour tous les honnêtes gens, animés du véritable amour de la patrie, & le tems est venu, où plusieurs hommes doués du même génie, du même courage que ce redoutable adversaire du clergé, ont fait retentir leur voix dans l'assemblée nationale, & ont été enfin assez heureux pour porter à cette hydre, des coups plus assurés & plus durables.

La marquise, en affermissant & étendant ainsi son empire durant la paix, sentit bientôt le poids du fardeau qu'elle s'étoit imposé. Le Roi, que dissipoient auparavant les voyages, la diversité des lieux, le tumulte des camps, les mouvemens de l'armée, tomba, tout-à-coup, dans une langueur & dans un état d'affaissement, dont il fallut le tirer par toutes sortes de secousses. Passionnée pour les hommes de génie, madame Pompadour, n'étant encore que la femme d'Etioles, en avoit à sa suite, le plus qu'il lui avoit été possible ; Voltaire étoit du nombre, & n'eut pas lieu de s'en repentir (1). Dans cette circonstance elle les appella à son secours, & fit trouver à son royal amant de nouvelles jouissances qu'il ne connoissoit pas, en le déterminant à établir une manufacture de porcelaine à l'instar de celles de Saxe, d'abord au château de Vincennes, puis au village de Sève, où ils allèrent souvent ensemble, & à force d'encourager les ouvriers par leur présence, firent enfanter ces chefs-d'œuvre d'une pâte, à la vérité plus vitrifiable que celle de la Chine, mais qui lui est bien supérieure, ainsi qu'à

(1) Lors du mariage du Dauphin, Voltaire composa, par ordre de la marquise; la princesse de Navarre, comédie-ballet dont rameau fit la musique. Cette pièce, de son aveu, ne valoit pas le diable, cependant pour récompense il eut sans finances, une charge de gentilhomme de la chambre, présent de près 60,000 francs & d'autant plus agréable que, peu après, il obtint la grace singuliere de la vendre & d'en conserver le titre, les privilèges & les fonctions.

toutes celles d'Europe, par l'élégance des formes, la régularité du dessin & la vivacité des couleurs.

Après la signature de la paix, dite d'Aix-la-Chapelle, la favorite avoit chargé l'immortel auteur de la Henriade, de célébrer dignement les victoires du Monarque & de le couronner comme un héros. Cet écrivain célebre imagina un opéra, intitulé : *le Temple de la Gloire.* Dans ce ballet-héroïque, Louis XV étoit désigné sous le nom de Trajan, il ne couroit point après la déesse, elle venoit à lui, se l'associoit & le plaçoit dans son temple, converti en celui de *la félicité publique.*

Exécuté par les principaux seigneurs & dames de la Cour, entre lesquels brilloit la favorite, on peut imaginer combien le Roi dut être satisfait de se voir couronné à la fois par la Gloire & par l'Amour. La marquise s'étant apperçue que la comédie lui faisoit plaisir, [d'ailleurs la jouant très-bien elle-même] ne laissa passer aucun jour sans qu'il y eût des spectacles, tant à Bellevue, dont elle avoit fait un séjour enchanté, tantôt dans les petits appartemens, où les personnes les plus illustres & les plus graves se livrèrent à cet art pour lui plaire; de sorte qu'on peut assurer qu'on lui doit ce goût scénique qui s'est emparé généralement de toute la France, des princes, des grands, des bourgeois; qui a pénétré jusques dans les couvens, & qui, empoisonnant les mœurs de l'enfance par cette foule d'élèves dont ont besoin tant de théâtres, a porté la corruption à son comble. Ce qu'il y a de certain, c'est qu'elle fit obtenir aux histrions une consistance singuliere, & soit que, prévoyant déjà le tems où n'excitant plus les désirs du vainqueur de Fontenoi, elle voulût les diriger encore & lui administrer les nouveaux objets de ses plaisirs, soit qu'elle cherchât seulement un autre moyen de l'égayer par le détail des intrigues, des révolutions, des lubricités de ce sérail public; elle se ménagea la surintendance de l'opéra, en faisant ordonner à la ville d'en prendre la direction. Mais qu'il y avoit loin d'un échevin aux anciens édiles de Rome! Elle se fit, outre cela, donner par Berryer la gazette scandaleuse de Paris, qui lui offrit bientôt toutes les anecdotes utiles à son projet.

En 1749, elle inspira au Roi le goût des bâtimens; il aimoit déjà beaucoup à faire construire, mais il étoit retenu par la crainte de la dépense. Elle le fit passer par-dessus cette puissante considération, & il fallut que tous les contrôleurs généraux ne trouvassent rien d'impossible pour satisfaire avec promptitude

les

les fantaisies du monarque en ce genre. On vit bientôt s'élever une multitude de colifichets dispendieux, moins propres à manifester la grandeur que la folie du propriétaire, fournissant ainsi au souverain, outre ses principaux voyages de Compiegne & de Fontainebleau, des hospices capables de distraire l'ennui étonnant qu'il promenoit d'un lieu dans un autre. Elle lui suggéra encore d'aller au Hâvre, un de ses arcenaux de marine : ce désir momentané eût pu lui être utile en lui faisant connaître & encourager cette partie foible de l'administration dont on commençoit sérieusement à s'occuper; mais ce voyage ne fut que frivole comme celle qui le proposoit. Il en fut de même du camp de Compiegne en juillet 1750, où, sous prétexte qu'on vouloit lui faire voir un nouveau corps de l'invention du ministre de la guerre, qui, pour ne pas perdre ce qu'il y avoit de plus précieux dans chaque régiment réformé, c'est-à-dire, les grenadiers, dans lesquels ordinairement résident l'ame & l'esprit du corps, imagina sagement de les conserver en les réunissant sous le beau nom de *Grenadiers de France*, titre dont ils se sont rendus singuliérement dignes dans la guerre d'Hanovre, où les Anglois & les Prussiens les appellerent souvent *la Colonne infernale*; mais ce spectacle &

celui du Hâvre ne servirent qu'à distraire un moment le monarque sans l'instruire, a coûter beaucoup d'argent sans aucun avantage, & à faire voir de plus en plus à la France le pouvoir (1), le luxe & la prodigalité d'une femme pour qui ne faisoit que s'accroître la haine de la nation.

Louis XV, qui ressentoit plus d'amour pour elle à mesure qu'elle s'en rendoit moins digne, transporté de joie d'une fête qu'elle lui avoit politiquement donnée à Bellevue, relativement à l'inattendue convalescence du Dauphin qui avoit été attaqué de la petite vérole, chercha de lui-même à la dédommager du mépris général qu'on lui témoignoit assez hautement, sur-tout le feu prince de Conti (2). Il lui accorda, le 18 octobre 1752, le tabouret & les honneurs de duchesse ; mais ces nou-

---

(1) Elle fit nommer ministre le comte de saint-Florentin, doyen des sécretaires d'état, homme borné & depuis si odieux par l'usage abominable qu'il a laissé faire des lettres de cachet à la Sabattin, infâme avanturiere qui le gouvernoit.

(2) Un jour qu'elle le laissoit debout, ce prince s'assit sur son lit en lui disant : « Parbleu, voilà un coucher excellent ? » On se doute combien elle fut humiliée du propos & de l'action, dont elle rendit compte au Roi.

velles graces ne servirent qu'à faire remarquer encore d'avantage l'horreur (1) que l'héritier présomptif de la couronne ressentoit déjà pour elle depuis long-tems.

Excepté cependant ces deux princes, tous ceux de la maison royale étoient assez galans pour se tenir debout devant la marquise; Eh, pourquoi? Parce qu'ils avoient la lâcheté de vouloir obtenir par son canal ; & la chose alla au point que M. de Condé consentit à prendre de ses mains mademoiselle de Soubise, fille du feu maréchal de ce nom, ami de table de son maître, conséquemment le plus bas des courtisans de sa maitresse, le même qui, après la bataille de Rosbac, perdue par sa faute, eut assez de grandeur d'ame pour dire au Roi la vérité sans détour, sans excuses, & assez de modestie pour remettre le commandement & servir en qualité de lieutenant - général sous Richelieu; à la vérité, ce ne fut pas, s'il faut dire le vrai, du consentement unanime de ses chers parens, qui, assemblés en mai 1753 dans le cabinet de Sa Majesté, répugnerent beau-

(1) Lorsqu'elle lui fut présentée pour la premiere fois, le Dauphin, en lui donnant l'accollade de cérémonie, tira la langue en l'embrassant, ce qui fut remarqué de tous les courtisans.

coup à ſigner le contrat de mariage, où le beau-père, deſcendant des ſouverains de Bretagne, avoit pris (à juſte titre) la qualité de *très-haut & très-puiſſant prince*, titre, diſoient-ils, inhérent, au contraire, à eux ſeuls par le droit de leur naiſſance. Cependant on s'accorda lorſque le monarque, qui vouloit faire plaiſir à la marquiſe curieuſe de ce mariage, écrivit qu'il ne vouloit point juger ni faire juger ſi MM. de Rohan & de Bouillon étoient princes, & qu'il entendoit que toutes les choſes, malgré la proteſtation faite par ſes couſins au parlement, fuſſent remiſes au même état qu'elles étoient avant le mariage de M. de Condé avec Mademoiſelle de Soubiſe, *ſans que les ſignatures du contrat puſſent favoriſer ni faire tort aux droits & prétentions d'un chacun*. On conçoit que de pareilles queſtions, loin de s'éclaircir avec le tems, ne doivent que s'embrouiller d'avantage, mais Louis XV vouloit vivre en paix & ne fâcher perſonne; ſa maitreſſe, en cette occaſion, penſoit de même, elle aimoit les uns & déſiroit ménager les autres : ainſi, flattée d'avoir été, en quelque ſorte, médiatrice entre ces grands perſonnages, ſon amour-propre s'en exalta.

Depuis qu'elle avoit le rang de ducheſſe, elle avoit pris un vol plus haut, & pour ſe loger convenablement, elle avoit consacré environ six cens mille livres à l'acquisition de l'hôtel d'Evreux. Un chevalier de saint Louis & une fille de condition eurent la lâcheté de lui servir le premier d'écuyer, la seconde de premiere femme de chambre: pour achever, elle prit pour intendant Colin, procureur au châtelet, qu'elle fit décorer de la croix de saint Louis, par une charge dans l'ordre. Etoit-il possible d'abuser d'avantage de l'autorité.

Sa vanité, afin de rapprocher son frere d'elle, à mesure que Sa Majesté la combloit de dignités, auroit bien désiré le faire dès-lors cordon-bleu; le monarque qui ne pouvoit lui rien refuser, y étoit assez disposé; mais un seigneur qu'il consulta, n'ayant répondu que par: » le Poisson » n'est pas encore assez gros pour être mis au » bleu.... » Le Roi, qui par fois écoutoit sa raison, comprit le sens de ce persiflage, & n'y songea que plusieurs années après, que Vandieres, métamorphosé de rechef, & devenu *marquis de Marigny*, fut pourvu de la charge de secrétaire de l'ordre, qui n'exige point de preuves. Pour le préparer à cette dignité, Sa Majesté, dans ses lettres d'érection de ce marquisat en sa faveur, avoit déclaré qu'il entendoit que cet homme nouveau jouît des honneurs attachés à la plus haute & la plus ancienne nobleſſe, & il avoit en conſéquence, été préſenté à la cour ſous ce dernier titre.

Mais l'objet ſur lequel la favorite raſſembloit toutes ſes complaiſances, c'étoit ſa fille unique, appellée tantôt mademoiſelle, tantôt madame Alexandrine, & aſſimilée ainſi aux filles de la plus haute qualité, même des ſouverains. Quoiqu'il en ſoit, elle étoit charmante, & poſſédoit toutes les graces de ſa mere, qui l'avoit placée au couvent de l'Aſſomption, où on l'élevoit avec le train d'une princeſſe du ſang. Comme elle étoit en âge d'être mariée, elle jetta les yeux ſur le duc de Fronſac, fils du maréchal de Richelieu. Celui-ci, quoiqu'il vînt de lutter contre le duc de la Valliere, d'aſſerviſſement, en quelque ſorte, à la marquiſe, à l'occaſion des petits ſpectacles qui ſe donnoient chez elle, ne fut pas encore aſſez vil pour être flatté de la propoſition; néanmoins, trop attaché aux graces pour y renoncer par un refus abſolu, il répondit qu'il la recevoit avec reconnoiſſance, & que, pour y mettre le comble, il demandoit la ſeule permiſſion, *pour la forme uniquement*, d'aller en parler à la maiſon de Lorraine, à laquelle ſon fils avoit l'honneur d'appartenir. La marquiſe, qui ſentit la fineſſe de cette tournure, craignit le ridicule qui rejailliroit ſur elle, ſi ſa prétention étoit publique, & elle aima mieux dissimuler, temporiser & négocier, mais elle n'eut pas le désagrément d'essuyer la honte à laquelle elle devoit s'attendre de la part d'une famille aussi superbe qu'impérieuse, l'aimable Alexandrine mourut quelque-tems après à l'Assomption, d'où son corps fut, en grande pompe, transféré dans une des chapelles que MM. de Créqui ont aux capucins, & qu'ils avoient vendue à madame de Pompadour, pour la sépulture de sa fille. On fit à la jeune personne une épitaphe, commençant par ces mots remarquables.

» *Cy-git Alexandrine, fille de messire Joseph* » *le Normand, & de Jeanne Poisson, marquise* « *de Pompadour, dame de Crécy &c.* »

Une autre mort arrivée peu après celle-ci & qui allégea sa douleur, quoique, selon les sentimens de la nature, elle dût l'augmenter, fut celle de Poisson, son pere. Ce personnage, sans éducation, sans moeurs, sans décence, sans respect humain, étoit pour elle un tourment, une source perpétuelle d'humiliations. Elle n'osoit ni le rapprocher d'elle, parce qu'il n'étoit point présentable, ni l'en éloigner, parce qu'il lui répugnoit trop de faire renfermer l'auteur de ses jours: plein de nerf d'ailleurs, une simple lettre de cachet, loin de le contenir, lui faisoit courir le risque, par un tel éclat, de révéler d'avantage sa turpitude. Sa fille avoit donc pris le parti de fermer les yeux sur l'opprobre qu'il versoit sur elle, & de feindre d'être insensible à ses écarts & à ses grossieretés. Elle craignoit de lui refuser aucune grace, elle le caressoit de son mieux, & dès qu'il paroissoit, il avoit ses entrées libres.

Un jour, un valet de chambre entré nouvellement au service de la duchesse de Pompadour, & qui ne connoissoit point Poisson, peu prévenu par son extérieur ignoble & son accoutrement burlesque, faisant difficulté de l'introduire. » Comment maraud! t'es bien » hardi? --- comment? --- oui drôle; apprends » que je suis le pere de la P..... du Roi. » Il ne ménageoit pas plus son fils, qu'il regardoit comme un polisson, comme un pauvre sujet *dont il auroit bien de la peine à faire quelque chose*.

Une autre fois, étant à table avec un grand nombre de matadors de la finance, après un dîné splendide, la tête échauffée de vins & de liqueurs; il se mit à éclater de rire comme un fol. » Savez-vous, dit-il ensuite, messieurs, » ce qui me fait rire? c'est de nous voir tous » ici avec le train & la magnificence qui nous » entourent. Un étranger qui surviendroit,

» nous

» nous prendroit pour une assemblée de princes.
» Car enfin vous, M. de Montmartel, vous
» êtes fils d'un cabaretier; vous, M. de Sava-
» lette, fils d'un vinaigrier; toi, Bouret, fils
» d'un f.... laquais... Moi, qui l'ignore »? En s'exécutant ainsi lui-même, il crut avoir le droit de dire des choses encore plus désagréables aux autres convives, & sa revue faite, il en résulta que, non-seulement aucun n'étoit d'une famille bourgeoise, mais même que beaucoup devoient leur fortune aux moyens les plus illicites & les plus infâmes,

La duchesse, incapable désormais d'enivrer les sens de son amant par ses charmes, fut obligée de redoubler d'efforts pour captiver son esprit, pour le subjuguer & se rendre nécessaire au point qu'il ne pût plus s'en passer. L'adulation, ce moyen infaillible auprès de tous les hommes, fut un de ceux qu'elle mit principalement en usage. Cette adulation ne consistoit pas seulement dans l'art si commun de louer ses qualités physiques ou morales, ses discours, ses actions, ou même dans celui plus rafiné d'imaginer tout ce qui peut plaire, mais dans une recherche pénible & assidue, pour écarter de Louis les soins, les soucis, les inquiétudes du gouvernement, & pour lui faire goûter, sur le trône, cette vie oisive & privée après laquelle il soupiroit. Quel tourment ! au reste l'ambitieux a des jouissances dont le philosophe ne peut calculer la douceur. Telle fut celle que madame de Pompadour éprouva en recevant une lettre de la duchesse de Châtillon qui la prioit de faire connoître au Roi les regrets de son époux, d'avoir eu le malheur de déplaire à Sa Majesté & de mourir dans sa disgrace. Voir à ses genoux le gouverneur de l'héritier présomptif du trône, présumant plus de son crédit que de son auguste pupille, c'étoit un triomphe délicieux qu'elle remportoit, non-seulement sur la créature du Dauphin, mais sur le maître, qui, en la détestant, rendoit, par son aveu tacite, indirectement hommage à son pouvoir & à sa bienfaisance ; car il étoit à présumer que cette démarche ne s'étoit pas faite sans la participation du prince dont on connoissoit l'attachement constant au duc. Elle répondit, de la part du Roi, que S. M. étoit très-touchée de la triste situation du malade, qu'elle étoit persuadée qu'il n'avoit eu aucune mauvaise intention dans ce qui lui avoit déplu, qu'elle lui rendoit ses bonnes graces, & qu'elle désiroit fort qu'il fût bientôt en état de venir à la cour, où elle seroit fort aise de le revoir (1). Mais ces consolations passageres étoient bien rares malheureusement & ne pouvoient la dédommager du fardeau du Roi, accablé d'affaires au-dedans & au-dehors, occupé dans l'intérieur, des fonctions importantes de subvenir aux réclamations des états & des protestans, ennuyé des tracasseries fastidieuses & toujours renaissantes entre les jurisdictions civiles & ecclésiastiques, sans cesse trompé par des négociations insidieuses, & forcé d'étonner ses ennemis par ses préparatifs de guerre, par le rétablissement subit de sa marine. Quelques-tems après le traité de Versailles, ce pacte fameux qui fit évanouir en un instant l'animosité qui, depuis plus de deux cens ans divisoit les maisons de Bourbons & d'Autriche, la plus célebre des femmes qui ont porté le sceptre de l'empire d'Occident, ayant écrit une lettre de remerciement à la duchesse qui n'y avoit pas peu contribué (2), cette derniere voulut éterniser

(1) Quand un courtisan austere, tel qu'étoit le duc de Châtillon, a recours a une protection aussi humiliante, on se doute bien qu'il est sans ressource, en effet, peu de jours après la réponse, il mourut livré au plus cruel désespoir de sa démarche ; mais sa famille en recueillit le fruit par plusieurs graces.

(2) Quoique la duchesse n'eût plus sur son auguste

l'idée de cette alliance monstrueuse dans un chef-d'œuvre numismatique ; elle la fit en conséquence graver sous ses yeux, par le sieur le Guay, excellent artiste, sur une médaille d'agathe-onix, supérieure à tout ce que l'antiquité offre de plus beau en ce genre, & la plaça dans son cabinet, où elle la montroit avec complaisance aux étrangers, qui, à la futilité du monument, jugeoient sans peine de celle qui l'avoit ordonné.

A-peu-près vers cette époque, la plus glorieuse pour elle, puisque, jouant le rôle de madame de Maintenon, elle nommoit les ministres & les généraux, recevoit les ambas-

---

amant l'empire que donne la séduction des sens, loin que son crédit en eût souffert, il croissoit, au contraire, tous les jours, & on pouvoit d'autant plus raisonnablement dire que c'étoit elle qui régnoit à l'ombre du Monarque, que celui ci, naturellement ennemi du travail, étoit enchanté de trouver sur qui se décharger du poids de sa couronne, ce qui avoit forcé sa maîtresse pour le supporter, de se livrer absolument à l'étude difficile de la politique aux mysteres profonds de laquelle l'initia l'abbé comte de Bernis, que la chronique scandaleuse a nommé son favori en plus d'un genre, ce qui le fit en très-peu de tems parvenir au ministériat des affaires étrangeres & à la pourpre romaine.

ſadeurs & étoit en correſpondance avec les puiſſances étrangeres, le Roi, ſans en être ſollicité par perſonne, jugea convenable de mettre plus de décence dans un commerce où les ſens n'étoient plus pour rien; en conſéquence toutes les ſecrettes communications de ſon appartement à Verſailles & dans les autres châteaux furent murées, & le 15 février 1756, elle fut nommée dame du palais de la Reine, & préſentée en cette qualité par la ducheſſe de Luynes, la femme la plus auſtere de la Cour & la favorite de ſa maitreſſe.

Pour ſoutenir ce vernis de ſageſſe, madame de Pompadour détermina le Roi, mortifié de ne pouvoir commencer la guerre ſans fouler ſes peuples, à réformer pluſieurs équipages de chaſſe & grand nombre de chevaux de courſe des deux écuries; il y eut même des réglemens ſur les petits voyages, afin de les rendre moins diſpendieux: que dis-je! il fut décidé à la Cour qu'il n'y auroit plus de ſpectacle, & l'on ſuſpendit les travaux du Louvre. Malheureuſement il y eut plus d'apparence que de ſolidité dans tout cela que l'on traita d'hypocriſie, ſur tout le comte d'Argenſon, qui dit hautement que ces épargnes étoient un si mince objet (1) qu'elles suffiroient à peine pour enrichir un directeur des vivres pendant la guerre ; en effet, on ne tarda point à reprendre l'ancien train, & depuis la démission de Séchelle (2), les choses allèrent de mal en pis, comme cela arrive presque toujours après

(1) Cependant, au moyen de ces sacrifices, on crut le Roi autorisé a demander les nouveaux subsides qu'exigeoit une guerre, qui, faute d'avoir, pendant la paix rétabli la marine, s'étendoit au continent & alloit embrâser l'Europe.

(2) Nommé contrôleur général sur la démission de M. de Machault, il avoit été porté à cet emploi d'un vœu unanime; mais d'un des plus grands Intendans d'armée qu'on eût vu, il devint le plus médiocre de nos ministres de finances. Sa seule opération fut d'avoir suprimé les sous-ferme, chose très-critiquée, & d'avoir porté les fermiers généraux de 40 à 60, ce qu'on ne condamna pas moins, parce que c'étoit affermir de plus en plus le régime de ces publicains odieux à la nation, appellés par dérision, *les colonnes de l'état*, & qui en sont trop réellement les destructeurs. Il étoit usé de travail, infirme, & sa tête étoit si fort affoiblie qu'il désigna au Roi pour son successeur, son gendre, Moras, l'homme le plus inepte qui ait jamais été à la tête du fisc public, & à l'administration duquel il faut rapprocher le commencement de cette foule d'impôts, dont la France a été surchargée sans interruption jusqu'à la fin du règne désastreux de Louis XV.

les réformes où le désordre est comme un torrent contenu qui se déborde avec plus de violence ; & pour mettre le comble à nos calamités dans des momens où les peuples, malgré la prise de Minorque & nos succès en Amérique, étoient opprimés de nouveaux impôts & au moindre revers menacés d'autres plus considérables ; où l'héritier présomptif, languissant dans une situation involontaire, s'indignoit de voir la plus vile des femmes, remplir des fonctions dont il auroit dû être chargé seul ; le monarque indolent le 5 janvier 1757, au milieu de ses gardes, & en présence de son fils & des grands officiers de sa couronne, fut blessé, par le fanatique Damiens, au côté droit entre les côtes, au moment qu'il montoit en carosse pour aller souper & coucher à Trianon.

Qu'on juge de l'effroi de Louis XV à qui on ne dissimula point qu'on craignoit que le fer, dont avoit été trouvé saisi son assassin, ne fût empoisonné ! Mis au lit, & pendant qu'on va chercher des chirurgiens, il jette les yeux de toutes parts, mais, au lieu de sa tendre amante, Il ne voit que la Reine & la famille-royale ; saisi de terreur, il croit fermement que c'est son dernier jour, il demande à se confesser. Son confesseur, ses aumôniers n'y étoient point, on arrêta un simple chapelain pour ce délicat ministere. En vain il s'excuse, en vain il prétexte son ignorance, en vain il dit qu'il ne sait point absoudre les Rois; on l'enleve, on le conduit à sa Majesté & on le force d'interroger ce pénitent auguste, dont il tâche de rassurer la conscience timorée (1) sur la dispersion du Parlement, l'éxil de quelques prélats & le

(1) Il semble que le régicide n'ait été réservé au règne de Louis XV qu'afin qu'il n'y manque aucune espèce d'événement. En effet, si le cours des assassinats, de ce genre, si fréquens sous Henri III & IV, s'est arrêté sous le despotisme du sanguinaire Richelieu, durant la minorité de Louis XIV & sur la fin de sa vie où le fanatisme s'étoit le plus exalté, sous la Régence si féconde en crimes de toute espèce, où Philippe lui-même, accusé des forfaits les plus horribles, devoit provoquer contre sa personnè une vengeance trop légitime, qui se seroit attendu a voir ce crime se reproduire sous un prince à qui ses peuples avoient donné le surnom de bien aimé? Heureusement que nous aimons a croire, si les fastes de notre siècle doivent être à jamais tachés d'un régicide, il a été le crime d'un seul & le désespoir de tous. Cependant par un usagé barbare, que la philosophie, l'humanité & la justice réprouvent également, le pere, la femme & la fille de Damiens, quoique reconnus innocens, furent bannis du royaume avec défenses d'y rentrer sous peine d'être pendus.

bannissement,

bannissement, de quelques curés ou simples prêtres.

Madame de Pompadour écartée de la personne du Roi, le Dauphin entré au conseil (1), le renvoi du jugement de Damiens, à ceux des magistrats de la grande chambre qui n'avoient pas donné leur démission (2), tout le monde

---

(1) Le Roi, dans le moment de sa terreur, s'étoit dechargé sur son fils du poids de toutes les affaires.

(2) Plus les compagnies sont nombreuses, moins elles sont corruptibles. Depuis quelques tems, le ministre, voulant réduire le Parlement, n'avoit point remplacé les charges qui venoient à vaquer, ce qui avoit fait naître quantité de représentations qui avoient été infructueuses; pour achever, il fut décidé que sa Majesté tiendroit à Paris un lit de justice, & y feroit enregistrer, entr'autres objets, un édit qui supprimeroit les deux chambres des enquêtes, composées de jeunes gens susceptibles d'un enthousiasme que n'éprouvent gueres les vieillards, & dont l'âme neuve & pure ne s'ouvre point encore à la crainte ou à l'espérance, deux passions si puissantes lorsque le despotisme sait les mettre en jeu. Or, ce lit de justice ayant été indiqué au 13 décembre 1756, dès le soir, MM. des Enquêtes se regardant comme dégradés, furent porter leur démission au chancelier. La grande chambre ne suivit point cet exemple, excepté quelques membres, tels que M. Tubœuf, ancien militaire, qui, voyant la pusillanimité de ses confreres lors de la

reçut une lueur d'espérance que le Monarque, regarderoit ce qui lui étoit arrivé comme un avertissement salutaire de la providence, & se réformeroit; mais, loin d'éprouver un aussi heureux changement, les Français indignés virent la duchesse venir reprendre son ancien empire & le jeune prince n'en eut pas davantage la confiance de son pere. Elle étoit trop intéressée à la lui ôter & à semer les soupçons, les défiances & la jalousie dans le coeur du Roi! Aussi les choses n'en allèrent que plus mal, & les revers n'ayant depuis fait qu'affaisser l'âme de son amant, il n'eut exactement plus de ressort que par sa maîtresse & pour en faire exécuter les volontés.

On en vit bientôt une preuve. Deux ministres, dont l'un, sa créature, l'avoit soutenue trop foiblement & lui avoit donné des conseils pusillanimes, parce qu'il la croyoit perdue lors de l'assassinat de Louis XV, & l'autre, son ennemi juré, mais secret, & toujours respectueux,

---

délibération sur cet objet, s'écria dans le style énergique de sa premiere profession « Je savois bien qu'il » y avoit des J... F.... parmi nous, mais je ne » croyois pas qu'il y en eût tant »? Le Public adopta ce nom de baptême de messieurs restans, & les appella *les filleuls de M. Tubœuf.*

avoit, dans la même idée, témoigné une joie insultante, ne tardèrent point à éprouver son ressentiment implacable d'une maniere proportionnée à leur offense. Dans la lettre de cachet du comte d'Argenson, du premier février, le Roi lui disoit en propres termes : « votre service ne m'est plus nécessaire ; je « vous ordonne de m'envoyer votre démission « de secrétaire d'état de la guerre, & de tout « ce qui concerne les emplois y joints, & de « partir sur le champ pour votre terre des « Ormes (1). » Dans celle de M. de Machault, au contraire, sa Majesté qui sentoit, malgré sa prévention pour sa maîtresse (2), que leurs longs services lui avoient été fort

---

(1) Il eut la consolation de se voir remplacer par son neveu le marquis de Paulmy qu'il avoit obtenu pour adjoint dès 1751. Il y avoit tout lieu d'espérer que cet élève, façonné depuis six ans par un si bon maître, en auroit l'expédition & les grands principes, mais plus livré aux lettres qu'à la politique, il étoit peu travailleur, aussi ami des plaisirs que son oncle, il n'y apportoit ni choix ni réserve ; il se plongeoit dans la débauche & la crapule. Esclave de toutes les femmes, aucune qui ne pût se flatter de lui faire faire toutes les sottises qu'elle voudroit ; aussi fut-il bientôt supplanté.

(2) Ce sont, sans contredit, les deux meilleurs ministres qu'ait eu Louis XV, & leur renvoi n'est

utiles, écrivit : » Les circonstances présentes « m'obligent de vous demander les sceaux & « la démission de votre charge de secrétaire « d'état de la marine. Soyez toujours certain « de ma protection & de mon estime. Si vous « avez des grâces à demander pour vos en- « fans, vous pouvez le faire en son tems ; il « convient que vous restiez quelque tems à « Arnouville. Je vous conserve votre pension « de 30,000 livres & les honneurs de garde « des sceaux ».

Tous deux furent traités très-favorablement du côté de l'argent, car, comme le poste devenoit glissant, leurs confreres crurent prudemment devoir porter sa Majesté à une généreuse munificence, afin d'en profiter à leur tour en cas de disgrace. Cela fait exemple, & la foule des ministres expulsés depuis, lors même qu'ils furent réduits à l'impuissance de tourmenter l'état par leurs extorsions ou leur ineptie, lui devinrent encore ainsi une charge odieuse & intolérable.

Une guerre malheureuse occasionne ordinairement beaucoup de révolutions dans les cours. Les sujets espèrent toujours être mieux

---

pas la moindre injustice que lui ait fait commettre la Pompadour.

en changeant de ministres & le souverain est bien aise d'imputer aux expulsés les fausses mesures souvent prises par son conseil, c'est ce qui arriva. Madame de Pompadour, éprise pour l'abbé, comte de Bernis, l'avoit, de l'état le plus médiocre, fait monter rapidement au faîte des honneurs, il étoit revêtu de la pourpre depuis quelques tems. Persuadé qu'une faveur marquée & aussi soutenue exigeoit une reconnoissance sansbornes, elle s'imagina que ses charmes, quoiqu'usés pour le Monarque, devoient conserver toujours le même empire sur cette Eminence. Elle s'apperçut du contraire; qu'on juge de sa fureur, elle dont les passions étoient violentes. Elle profita de son ascendant sur son foible amant, pour lui donner pour successeur, le premier novembre 1758, le comte de Stainville, créé en même tems duc de Choiseuil, alors jeune, ardent, & assez intrépide pour tenter de lui faire croire que ses attraits n'avoient encore rien perdu de leur vertu: cet acte de vigueur fut récompensé du département de la guerre, après la mort du fameux maréchal de Belle-Isle, & de celui de la marine (1) que lui ceda Berryer, qui eut

---

(1) Le duc eut la modération de se défaire d'une partie du premier ministere en faveur du comte de

les sceaux, que le Roi, à l'instar de Louis XIV, qui les garda onze fois pendant son règne (2), avoit également jugé à propos de conserver depuis la disgrace de M. de Machault.

Peu de tems après, le 5 mars 1762, malgré les réclamations du canton de Schwitz, qui ne vouloit obéir qu'à un prince du sang ou un maréchal de France, il fut encore reçu colonel général des suisses & grisons, charge qu'il obtint de sa Majesté, sur la démission du comte d'Eu qui en étoit revêtu.

Ce fut là le dernier bienfait de madame de Pompadour. Tombée malade, durant un voyage de plaisir fait à Choisy, elle ne réchappa que pour être réduite à un état de langueur, dont la mort seule pouvoit être le terme. Louis

---

Choiseuil, depuis peu ministre d'état, & ci-devant Ambassadeur à Vienne, dont il connoissoit la soumission à ses volontés, d'ailleurs cacochime, foible & paresseux. Celui-ci fut le 20 décembre 1762 déclaré duc de Prâlin; & reçu duc & pair le 20 décembre suivant au Parlement.

(1) Avec cette différence pourtant entre les deux princes, que le premier en faisant les fonctions de garde des sceaux, attribua au profit du fisc les revenans-bons de cette charge lucrative, au lieu que le second, par une cupidité sordide, les retint au sien, & en grossit son trésor particulier.

XV ; qui, dès le commencement exigea que la Faculté ne lui dissimulât rien, reçut sans émotion (1) le coup fatal qu'elle lui pronostiqua ; & chose singuliere, se conduisant en même-tems avec la favorite, comme s'il eût cru le contraire, non-seulement il lui prodigua les égards, les attentions, les assiduités les plus consolantes pour un malade, mais il continua de la consulter sur les affaires publiques. Les ministres, le royaume, tout lui resta soumis de même qu'auparavant, & on peut dire qu'elle expira les rênes de l'état encore dans les mains (2). Transportée de Choisy à Versailles, elle eut le

(1) Il étoit presque tombé dans l'apathie depuis la mort de madame Infante duchesse de Parme, sa fille, qui étoit sa confidente, & dans le sein de laquelle il versoit les amertumes dont son âme étoit abreuvée. Cette perte, avoit été bientôt suivie de celle de la princesse de Condé, du comte de Charolais & du duc de Bourgogne, fils aîné du Dauphin. C'est à sa fille, qu'il écrivit un jour « ils ont tant fait qu'ils m'ont forcé » à renvoyer Machault, l'homme selon mon cœur ; je » ne m'en consolerai jamais ». Cette phrase seule peindroit Louis XV, quand mille autres traits semblables ne le feroient point.

(2) Peu d'heures avant son dernier souffle, le sieur Janet vint lui rendre compte à son ordinaire du secret de la poste.

privilege réſervé à la ſeule famille royale, de reſter malade & de payer, le 15 Mars 1764, le tribut à la nature dans le château. A peine fut-elle expirée, que ſon cadavre fut renvoyé ſur une civiere à ſon hôtel particulier dans la ville, & l'on obſerva que le Roi la vit de ſes fenêtres paſſer tranquillement, ce qui ſurprit beaucoup; car enfin, quel homme pourra jamais voir, ſans verſer des larmes, briſer une union de vingt ans? D'ailleurs, ayant depuis long-tems perdu le cœur de ſes ſujets, il en partageoit du moins la haine avec ſa maîtreſſe qui l'étourdiſſoit là-deſſus, mais cette haine trop juſte malheureuſement, alloit ſe réduire ſur lui ſeul.

Au reſte, la ducheſſe que tout le royaume déteſtoit avec raiſon, méritoit vraiment la tendreſſe ou l'affection de ſon auguſte amant, dont l'inſenſibilité n'étoit point pardonnable. En effet, bien différente de madame de Mailly, elle n'aima jamais ce prince pour lui-même; dévorée d'ambition ainſi que la ducheſſe de Châteauroux, elle ne chercha pas non plus à s'approcher du trône, pour exciter le Roi à une gloire dont l'éclat pût rejaillir ſur elle, & couvrir ſon déshonneur. Elle avoit de l'eſprit, mais petit, & toutes ſes paſſions en portoient l'empreinte. Elle aimoit l'argent, & n'enviſagea dans le premier rang, que la facilité plus grande

de

de satisfaire son goût pour le luxe & les frivolités. Si elle cultiva & favorisa les arts, ce fut toujours ceux uniquement relatifs au goût de son sexe. Elle gouverna parce qu'elle avoit affaire à un monarque qui vouloit l'être, & elle fut obligée de prendre les rênes, afin qu'elles ne tombassent pas en d'autres mains. Susceptible elle-même d'être asservie, elle le fut successivement par M. de Machault, le cardinal de Bernis, le maréchal de Belle-Isle & le duc de Choiseuil, qui s'en servirent pour diriger le royaume. Elle étoit de même dans son intérieur, ses gens en faisoient ce qu'ils vouloient. Dépourvue d'énergie, comment auroit-elle pu en donner à Louis XV? ainsi, c'étoit la maîtresse la plus dangereuse, & pour lui & pour son peuple.

Voltaire, en dix vers, nous a peint dans la pucelle, la naissance, la vie, la figure & l'esprit de madame de Pompadour.

Telleplutôt cette heureuse grisette,
Que la nature, ainsi que l'art, forma
Pour le B..... ou bien pour l'Opéra.
Qu'une maman, avisée & discrete,
Au noble lit d'un fermier éleva,
Et que l'amour, d'une main adroite
Sous un Monarque entre deux draps plaçà;
Sa vive allure est un vrai port de Reine,
Ses yeux fripons s'arment de Majesté,

Sa voix a pris le ton de Souveraine,
Et sur son rang son esprit s'est monté.

D'après son caractere donné, on ne se seroit pas attendu que madame de Pompadour eût vu sans murmure, même avec courage, la mort s'avancer par degrés. Le lieu où elle étoit, la tournure d'esprit du Roi qui tint toujours aux pratiques extérieures, exigeoient qu'elle ne manquât point de remplir les derniers devoirs de la religion, elle le fit sans faste & sans pusillanimité, demandant hautement pardon à sa maison, & à tous les courtisans présens, du scandale qu'elle leur avoit donné. Le plus singulier de la scène, c'est que les prêtres n'eussent pas exigé d'elle, en double adultere, ce qu'ils exigent dans le cas de la simple fornication, que la concubine quittât le séjour de son libertinage, & qu'elle fît cette réparation dans ce palais, depuis vingt ans le théâtre de son péché. Mais il est avec les confesseurs de cour, des accomodemens : il fut décidé qu'elle étoit trop mal pour souffrir la translation. Le jour même où elle attendoit sa derniere heure, le curé de la Madeleine, paroisse de son hôtel à Paris, vint la voir, & comme il prenoit congé d'elle : » Un moment, lui dit-elle, monsieur le curé, » nous nous en irons ensemble ». Elle expira quelques minutes après, & madame du Haufset (1) sa premiere femme de chambre, lui ferma les yeux.

De toutes les épitaphes latines ou françaises, que l'adulation ou la satyre ont enfantées, nous ne citerons que celles-ci, courtes, énergiques, & d'une grande vérité.

LA PREMIERE.

D. D. Joannis Poisson Epithaphium.

Hic piscis regina jacet, quæ lilia succit
Per nimis; an mirum si floribus occubat albis?

LA SECONDE.

Ci gît qui fut quinze ans pucelle,
Vingt ans P...., puis huit ans M.....

En jouant par degrés ces trois rôles, il n'est point de fortune, de dignités, d'honneurs auxquelles une femme d'esprit ne puisse atteindre elle & tout ce qui l'entourre (2). Effectivement

(1) Veuve d'un homme de condition; le besoin l'avoit fait s'attacher à la favorite; froide, discrette, sans intrigue, dévote même, elle s'est retirée avec une fortune médiocre, quoiqu'elle la servoit depuis vingt ans.

(2) M. Poisson de Malvoisin, cousin de la Pompadour, étoit tambour dans Piémont, apprenant l'élévation de cette derniere, il va la trouver sécrette-

on ne sauroit nombrer les millions que le marquis de Marigny recueillit de la succession de sa sœur. La seule vente de son mobilier dura un an. C'étoit un spectacle où l'on alloit par curiosité voir continuellement des raretés qu'on n'avoit vues nulle part; il sembloit que toutes les parties du monde se fussent rendues tributaires du luxe de la duchesse. Qu'elle différence entre les richesses & la magnificence de la dépouille de cette maîtresse du Roi avec la simplicité, la pauvreté de madame de Maintenon, de la veuve de Louis XIV, retirée au couvent de St. Cyr!

---

ment, & la prie de vouloir bien l'avancer dans le service militaire pour lequel il avoit le goût le plus décidé. Le duc de Biron, alors colonel du régiment du Roi, un des courtisans les plus assidus, de la duchesse, consent à le recevoir dans son corps, mais les officiers, plus délicats, & trop imbus encore alors du préjugé absurde de la naissance, eurent le courage, tout en l'accueillant gracieusement, de ne pas lui dissimuler qu'il ne pourroit espérer de rester leur camarade qu'après les avoir tous tués les uns après les autres. Plus sage qu'eux & pour le moins aussi brave, Poisson se retira, fut fait lieutenant de dragons, puis capitaine, passa ensuite dans les carabiniers, & devint maréchal de camp en moins de vingt cinq années.

LE CARDINAL DUBOIS.

Cet abbé qui a fait tant de bruit du tems de la régence, reçut le jour en 1656, d'un apothicaire de Brive-la-Gaillarde. Doué d'un génie facile, souple & insinuant, d'un caractère vif & gai; ardent pour les plaisirs, de mœurs corrompues, il plut singulièrement, dès sa jeunesse, au duc d'Orléans, au rang duquel il fut toujours moins attaché qu'à la personne. De son gouverneur, devenu son confident, il lui rendit le service utile de le déterminer a épouser une fille naturelle de Louis XIV. En 1716, il fut fait conseiller d'état, c'étoit commencer tard; mais une fois dans le chemin des honneurs, il ne perdit pas un instant. En 1717, le Régent, voulant gagner l'Angleterre, afin qu'elle ne lui fût pas contraire, dans le cas où le Roi, dont la santé étoit extrémement délicate, viendroit a mourir, il se rendit par ses ordres à Londres, où il négocia si habillement, c'est-à-dire, répandant l'or à pleines mains, qu'on y conclut bientôt un traité sous le nom de la triple alliance, parce que les Hollandois y intervinrent, quoiqu'ils n'y eussent aucun intérêt, traité sans doute fort utile au duc d'Orléans, en cas de vacance de la couronne, contre la faction d'Espagne, mais honteux à la France qui s'obligeoit d'expulser de son sein le prétendant, & de démolir Dunkerque & Mardick. Après l'avoir signé à la Haye, en qualité de ministre plénipotentiaire, il fut fait sécrétaire de la chambre & du cabinet; l'année suivante, il conclut, à Londres, le fameux traité de pacification de l'Europe, &, à son retour, il fut nommé ministre des affaires étrangères. Ce fut alors que, de concert avec d'Argenson, vice-chancelier, & le Blanc, sécrétaire d'état de la guerre, il chercha a démontrer à S. A. R. que le systême de Law étoit absolument erroné & ne servoit absolument qu'à l'enrichir; les choses en vinrent au point que le prince dit au vice-chancelier, qu'il pouvoit s'assurer de la personne de cet Ecossois; mais, ayant refusé de lui donner un ordre par écrit, il fut obligé de ruser & de tâcher de rendre le contrôleur général victime de son propre systême. En conséquence, il fit entendre, dans un comité tenu entre lui, le Régent, Law, le Blanc, & d'Argenson, que les crises violentes ne pouvoient jamais avoir qu'un terme court; que celle où on se trouvoit, parvenue au plus haut période, alloit diminuer nécessairement, que l'objet de faire refluer, dans les mains du gouvernement tout le numéraire, & même toutes les matieres d'or & d'argent du Royaume par des voies extraordinaires, étant absolument rempli, il falloit empêcher que le public ne retirât cette précieuse récolte; que le plus sûr moyen pour y parvenir étoit de commencer à réduire la masse du papier; qu'il arriveroit, si l'on conservoit la confiance, qu'on le garderoit dans l'espoir que la réduction ne seroit que momentanée, ou que, le discrédit s'y mettant, on se présenteroit en foule pour s'en défaire, dans la crainte de perdre tout de suite une grosse partie de son capital; que, dans le premier cas, on resteroit toujours maître de faire les opérations qu'on voudroit, &, dans le second, qu'on profiteroit de la confusion même & du désordre qui alloient résulter de cette débacle, pour établir des formalités gênantes, mais nécessaires, par lesquelles, en paroissant concourir au désir des porteurs de papier, on en retarderoit l'effet & l'on auroit le tems de procéder à des reviremens propres à libérer l'état. Tout cela étoit plus spécieux que solide, & sur-tout d'un machiavélisme détestable; on croit entendre des voleurs, au coin d'un bois, se consultant sur la meilleure maniere de mettre les passans à contribution. Il faut l'avouer pourtant, la France étoit à ce point de bouleversement que le timon des finances échappoit des mains de leur administrateur, & même du Régent. Dans cette perpléxité, Law se trouva heureux qu'on lui fournît un moyen de sortir du labyrinthe où il s'étoit jetté, & il fut le premier à détruire son ouvrage en consentant, le 21 mai 1720, à l'arrêt de réduction par moitié des billets de banque & des actions de la compagnie des Indes.

Qui pourroit peindre la consternation dont Paris fut frappé à cette nouvelle? Elle se convertit bientôt en fureur. On afficha des placards & on les fit courir, en billets, jusques dans les maisons. Enfin, après avoir tenté tous les procédés possibles pour ramener l'illusion, il fallut terminer par intercepter le cours des billets, & remettre l'argent dans le commerce : ainsi s'évanouit le systême de Law, dont le résultat fut d'avoir doublé les dettes de l'état au lieu de les diminuer.

La même année il fut fait archevêque de Cambray. C'est dans cette circonstance que Dubois, demandant préalablement la prêtrise, le diaconat, le sousdiaconat, les quatre mineurs, la tonsure; le célébrant impatienté, s'écria : « ne vous faudra-t-il pas aussi le baptême? On dit du moins que c'étoit le jour de sa premiere

communion.

communion. Ce fut Maſſillon qui eut la lâcheté de le ſacrer. Innocent XIII, en 1721, le mit au nombre des cardinaux, non pas préciſément, dit-il, pour ſon mérite perſonnel quelqu'éminent qu'il fût, mais pour être un de ceux qui avoient le plus contribué à rendre la paix à l'égliſe Gallicane, ſans ceſſe troublée par le refus de quantité d'évêques & d'eccléſiaſtiques, d'admettre la bulle Unigenitus; il obtint, en même tems, pour ſoutenir ſa nouvelle dignité, l'abbaye de Cercamp & la ſurintendance des poſtes: il fut introduit dans le conſeil peu après.

C'eſt une prétention des cardinaux de ſiéger immédiatement après les princes du sang, avant tous les autres membres & le chancelier même. Le cardinal de Rohan venoit déjà de montrer l'exemple, ce qui fournit matière à des plaintes & à des repréſentations très-vives à l'occaſion du ſecond à qui ſon origine ne donnoit point la même conſiſtance. Les réclamans, pour prouver combien elles étoient juſtes, s'abſentèrent du conſeil ce jour-là, & à la ſortie, le cardinal de Noailles, qui n'aimoit pas la nouvelle Eminence, lui fit ce compliment: « *Cette* » *journée ſera fameuſe dans l'hiſtoire, Mon-* » *ſieur; on n'oubliera pas que votre entrée dans* » *le conſeil en a fait déſerter tous les grands*

» *du royaume.* » Il faut que cette terrible étiquette soit d'une importance que le vulgaire ne peut saisir, puisque les hommes les plus graves, les plus faits pour agir par des principes, un maréchal-duc de Villeroi, gouverneur du Roi, un d'Aguesseau, chancelier, s'y asservirent, & se firent exiler plutôt que de se soumettre. Les sceaux furent donnés à M. d'Arménouville, d'un caractère doux & complaisant, qui prit sans difficulté séance au conseil après les cardinaux. Quant aux ducs & pairs, & maréchaux de France, comme on pouvoit se passer d'eux, tous reçurent défense de s'y trouver, & furent en même tems rayés dessus la feuille des pensions, ce qui ne les fit nullement rire, car, combien y en avoit-il, & combien y en a-t-il même encore aujourd'hui qui ne sont pas dignes de l'honneur d'être simples fusiliers, & qui, cependant, tenoient une place distinguée sur le trop fameux livre rouge, ce registre odieux de la turpitude de l'ancien gouvernement!

On fut peu content dans le public du choix qu'on avoit fait d'Arménouville; on n'avoit pas une haute idée de sa capacité, mais c'étoit ce dont se soucioient le moins le duc d'Orléans & son favori, qui avoient tous deux assez de lumières pour suppléer à ce qui pouvoit manquer à ceux qui travailloient ſans eux. D'ailleurs, le projet du régent étoit de nommer le cardinal premier miniſtre, dont il avoit déjà preſque tout le pouvoir; il vouloit auparavant le rendre agréable au dehors & au dedans. Le mariage de l'Infante, ménagé avec le Roi, lui ayant concilié la bienveillance & le ſuffrage du Roi d'Eſpagne, qui, en échange, demanda mademoiſelle de Montpenſier, fille du régent, pour le prince des Aſturies, lui parut une occaſion favorable, & le 22 août, il fut déclaré premier miniſtre.

L'anecdote la plus curieuſe de cette élévation, la plus propre à fournir aux réflexions du lecteur philoſophe, & à faire connoître le caractère du favori & de ſon maître, c'eſt ce ce qui ſe paſſa à un ſouper du duc d'Orléans. On ſe répandoit en railleries ſur le nouveau premier miniſtre. Le comte de Nocé ſe permit la plus ſanglante. « *Votre alteſſe royale*, lui » dit-il, *en peut faire tout ce qu'elle voudra*, » *mais elle n'en fera jamais un honnête homme* ». Il fut exilé le lendemain. En vain la comteſſe de Tort reprocha au régent ſa foibleſſe, la lettre de cachet tint, & ce ne fut qu'à la mort de Dubois que ſon alteſſe royale écrivit au comte ce billet, non moins ſingulier que tout le reſte. « *Morte la bête, mort le venin; je*

» *t'attends ce soir à souper au palais-royal* ».

La paix affermie par des traités solides, & par des alliances avantageuses, le parlement dompté & humilié, les grands soumis; ceux qui pouvoient embarrasser, écartés des affaires, laissèrent au premier ministre la liberté de remettre le calme parmi les ecclésiastiques, rétablir l'harmonie entre les princes & les différens corps relativement aux contestations restées indécises jusqu'à la minorité du Roi, & faire rentrer le plus d'argent possible dans les coffres de l'état, d'une façon adroite & capable de diminuer l'odieux de toutes les opérations fâcheuses auxquelles on avoit été obligé d'avoir recours pour ne point payer plus de dix-huit cents millions dûs en papier. Mais les honneurs qui s'accumuloient sur la tête du cardinal, ne purent le soustraire à la fin sinistre qui le menaçoit. Quelque tems aprés que l'assemblée du clergé, qu'il venoit de présider, fut dissoute, il se sentit plus que jamais tourmenté d'une maladie dans la vessie, qu'on regardoit comme le fruit de son incontinence & de ses débauches outrées; il fallut lui faire une amputation cruelle & si effrayante, que son intrépidité ne put tenir contre l'appareil. Le duc d'Orléans fut obligé de l'y déterminer. Il en mourut le 10 août 1722, âgé de soixante-six ans.

La veille ou la ſurveille de ſa mort, Dubois s'étoit confeſſé à un récollet, & cette cérémonie n'avoit duré qu'un quart-d'heure au plus, ce qui fit juger qu'il vouloit ſeulement donner cette dernière marque de dévouement à ſon maître qu'il adoroit & qui lui avoit repréſenté qu'il étoit de l'honneur de tous deux qu'il ſatisfît à l'extérieur. Quoiqu'il n'eût pas eu tout le tems néceſſaire pour mettre en uſage les plans qu'il avoit conçus relativement à ſa fortune, il laiſſa encore environ deux millions en argent comptant. Il voulut nommer le régent ſon légataire univerſel, mais ce prince ne voulut pas le permettre; il accepta ſeulement la vaiſſelle d'or que ſon favori avoit fait faire pour les repas de cérémonie.

On lui fit des funérailles magnifiques; on frappa même une médaille en ſon honneur. D'un côté étoit ſon effigie, de l'autre un arbre renverſé par la tempête, avec ces mots à l'entour : « *Viſa eſt dum ſtetit minor.* ». La licence lui compoſa une épitaphe groſſiere (1); & il méritoit l'une & l'autre. Il eſt certain qu'à ne conſidérer que les moyens de ſon élévation, c'étoit un perſonnage mépriſable & infâme;

Rome, rougit d'avoir rougi
Le M... qui gît ici.

en discutant les talens qu'il y développa, c'étoit un véritable homme d'état : le Régent ne trouva personne plus digne de lui succéder que lui-même, ce qui mit le comble à son éloge à cet égard.

LAW.

Jean Law étoit Ecossais, fils d'un orfevre d'Edimbourg. Jamais homme ne posséda en un dégré aussi parfait l'esprit de calcul & de combinaison. Il étudia profondément tout ce qui concernoit les banques, les loteries, les compagnies de commerce de Londres, les moyens de les soutenir, d'animer l'espérance & la confiance du public, de le tenir en haleine & d'accélérer son mouvement. Il en pénétra les secrets les plus intimes; il tira encore plus de connoissances de la nouvelle compagnie établie par milord Harley, comte d'Oxford, pour acquitter les dettes de l'état. Ayant ensuite obtenu un emploi de secrétaire auprès de quelqu'agent du résident en Hollande, il s'instruisit sur les lieux de la fameuse banque d'Amsterdam, de son capital, de son produit, de ses ressources, des comptes que les particuliers avoient sur elle, des variations, de l'intérêt, de la manière de le faire hausser & baisser pour retirer ses fonds, pour les distribuer & les répandre, de l'ordre qu'elle tenoit dans ses registres & dans ses bureaux, de ses dépenses même & de la forme de son administration. A force de réfléchir sur ces renseignemens acquis, & de combiner tant d'idées différentes il en forma un systême admirable pour l'ordre & pour l'enchaînement de la multitude des opérations qui le composoient; systême fondé pour le moins autant sur la connoissance du cœur humain que sur la science des nombres, mais dont la bonne foi, l'équité & l'humanité étoient absolument exclues pour y substituer la perfidie, l'injustice, la violence & la cruauté. Aussi Law étoit-il sans mœurs & sans religion. Obligé pour un meurtre ou assassinat d'un homme, de se sauver d'Angleterre, il emmena une femme mariée avec laquelle il vécut plusieurs années comme avec une épouse légitime.

Dans l'épuisement où la guerre avoit réduit toutes les puissances d'Europe, & prévoyant qu'elles devoient préalablement travailler à rétablir leurs finances, son avidité insatiable lui fit plus que jamais concevoir l'espoir de séduire celle qui préféreroit le moyen le plus prompt de se libérer. Son plan, qui n'avoit pour objet ni le commerce, ni la facilité de lever les impôts ſans les augmenter, ni le retranchement des dépenſes, ni la culture des terres, ni la conſommation des denrées, ni même la circulation des eſpèces, étoit dreſſé pour qu'un ſouverain pût payer ſes dettes, non-ſeulement ſans que ſes prodigalités ni ſon luxe en ſouffriſſent, mais encore en attirant à lui l'or & l'argent de ſes ſujets, & l'illuſion devoit être telle que ceux-ci le donnaſſent volontiers, que dis-je, le portaſſent avec empreſſement, regardaſſent comme une grace d'être préféré, & qu'à leur réveil ils ne puſſent s'en prendre qu'à leur avidité d'être dépouillés.

Il conſiſtoit en une banque dont le fond réel ſeroit les revenus de l'état, & le fond acceſſoire, quelque commerce inconnu. Ce bénéfice, pouvant croître ſuivant l'imagination, devoit merveilleuſement exciter les joueurs qui voudroient y participer au moyen d'actions qu'on créeroit ſucceſſivement en proportion de leur ardeur. En effet, ces actions, d'abord en petit nombre, ne pouvoient, par leur rareté & la rapidité de leur circulation, manquer d'acquérir un prix énorme, ce qui donneroit la facilité & produiroit même la néceſſité d'en fabriquer d'autres & à un taux plus élevé. Ce nouveau papier décréditant l'ancien, ce ſeroit un un excellent véhicule pour son débit, puisqu'on prendroit l'ancien au pair, mais toujours en certaine mesure avec l'argent.

Afin d'engager à se défaire de celui-ci, on devoit, par de fréquens changemens, rendre sa valeur incertaine, & faire ainsi craindre aux possesseurs qu'il ne dépérît entre leurs mains; la banque, au contraire, en effectuant tous les payemens en billets, dont le prix invariable perpétueroit la confiance, les rendoit plus commerçables & préférables aux espèces, qui, décriées & portant moins d'intérêt, mettroient le Souverain dans le cas de profiter de cette réduction pour faire des emprunts & acquitter ainsi une partie de ses dettes, sans rien débourser; un autre avantage, c'est que si l'on cherchoit à employer l'argent à acquérir les terres, les denrées, les marchandises augmentoient, & conséquemment la recette des impôts & des droits.

Par ce fantôme de fortune éblouissant presque tous les yeux, les différentes classes de citoyens, dans le désir d'y participer, s'intéressoient d'autant plus à la conservation de la banque, que nombre de particuliers, plus heureux ou plus adroits, faisant nécessairement des gains énormes, eussent irrité la cupidité générale, à-peu-près comme un gros lot à la loterie ſoutient l'eſpoir des pontes, dont, à l'exception de quelques-unes, la multitude doit perdre. Que cette erreur s'entretînt ſeulement quelques années, & le ſouverain eût éteint toutes ſes dettes, & attiré dans ſes coffres la plus grande partie du numéraire de ſon royaume, même des étrangers, que des dividendes augmentés à propos, euſſent engagés à vouloir profiter de la concurrence, à la faire naître.

Quoi qu'il en ſoit, l'auteur de cette théorie infernale, ſentant que ſon plan ne pouvoit s'exécuter que dans un royaume où les princes auroient une autorité abſolue, le propoſa d'abord à Louis XIV, qui, ſur la ſeule expoſition, malgré le beſoin qu'il en avoit, le rejetta avec une eſpèce d'exécration. Loin de ſe rebuter, il le reproduiſit ſous le duc d'Orléans; ce prince plus décidé, plus entreprenant, & ſans contredit moins ſcrupuleux, l'enviſagea comme très-utile à ſes vues. Fortement déterminé à profiter du peu de tems qu'il avoit à gouverner pour remédier aux maux de l'état, qui exigeoient des remèdes violens, il adopta celui-ci, s'étourdit ſur la forte convulſion qu'il lui préparoit; cependant, comme il avoit beaucoup de ménagemens à garder, il ne l'adopta que lentement & par degrés.

Il se contenta d'abord de permettre à Law d'établir une banque, afin d'accoutumer peu à peu les peuples à ce nom & à cet établissement présenté sous un point de vue d'utilité publique, & qui auroit eu réellement des avantages très-grands s'il eût été borné aux fonctions de son édit de création. L'année suivante, pour donner à la banque un crédit qui répondît aux entreprises plus étendues qu'elle devoit avoir, on rendit un arrêt du conseil, en date du 10 avril 1717, qui ordonnoit à tous ceux qui avoient le maniement des deniers royaux, de recevoir & même d'acquiter sans escompte tous les billets. Par cet arrêt plein d'artifice, quoique sous une apparence de simplicité, on faisoit de la banque le dépôt de tous les revenus du Roi, premier pas vers la fortune idéale qu'elle devoit faire. Elle assigna sur-le-champ sept & demi pour cent d'intérêt.

Quelque tems après, en août & décembre, même année, on créa une compagnie de commerce, sous le nom chimérique d'Occident ou de Missisipi. Son objet étoit la plantation & culture des colonies françaises de l'Amérique septentrionale, & sa Majesté y joignoit toutes les terres de la Louisianne, & permettoit aux Français comme aux étrangers, de s'y intéresser, en prenant des actions dont on pourroit fournir en partie la valeur en billets d'état, qui perdoient alors cinquante & soixante pour cent sur la place. Le moyen de résister à cette amorce, d'autant mieux qu'on peignoit ce pays comme un Pérou plus fécond en or que celui des Espagnols. Le parlement lui-même y fut pris, & ne voyant en cela rien que d'utile, il enregistra sans difficulté tout ce qui concernoit la *banque royale*, dénomination fastueuse que lui donnoit le gouvernement, par sa déclaration du 4 décembre, qui portoit que le sieur Law, en étant nommé directeur, sous l'autorité de sa Majesté & du Régent, le Roi avoit remboursé en argent, aux actionnaires d'icelle, les capitaux qu'ils n'avoient payés qu'en billets d'état.

Il résulta de cette déclaration trois choses; l'une, que le monarque, transformé ainsi en banquier universel de son royaume, toute la France, les grands seigneurs & les princes, toujours singes du maître, ne rougirent point de faire le même métier, de devenir financiers, agioteurs; la seconde, que le public, frappé que le Roi achetât 500 liv. d'espèces ces actions de banque, qui n'avoient dans l'origine coûté que 500 francs de billets d'état, c'est-à dire, vu leur discrédit, environ 170 liv.

en valeur réelle, en conçut une grande opinion, & enchérit à l'envi pour en avoir; la dernière, que les actions de la compagnie d'Occident, préférées par les croupiers de la banque, à leur remboursement en espèce, furent jugées une excellente acquisition; & le vertige fut tel, que pour satisfaire aux désirs des amateurs, on créa, par arrêt du conseil, le 27 décembre 1718, des bureaux particuliers de banque dans les villes de Lyon, la Rochelle, Tours, Orléans & Amiens, &c.; & pour rendre les billets de banque plus nécessaires, & d'en forcer ainsi la circulation & multiplication, le même arrêt porta défenses de faire aucun payement en argent, au-dessus de 600 liv. Par une clause, en même tems, qui gênoit le commerce jusques dans ses détails, & caractérisoit la petitesse des vues & des moyens du législateur, les espèces de billon & monnoie de cuivre ne purent être données & reçues dans les marchés, au-dessus de six livres, à moins que ce ne fût pour des appoints.

Le 22 avril 1719, on ordonna une fabrication de cent millions de billets de banque, lesquels, dit l'arrêt, ne purent être sujets à aucune diminution comme les espèces, attendu que la circulation des billets de banque est plus utile que celle des espèces d'or & d'argent, & qu'ils méritoient une protection particulière, de préférence aux monnoies faites de matières apportées des pays étrangers Quelques mois après, le 21 décembre même année, il y eut des défenses de faire des payemens au-dessus de 10 liv. en argent, & de 300 liv. en or. Ainsi, l'or & l'argent, avilis de ces diminutions successives, étant alors, en quelque sorte, proscrits & hors du commerce, on étoit donc forcé de porter son numéraire à la banque, & de l'échanger contre du papier. On y couroit en foule, on conjuroit, on supplioit les commis de recevoir les espèces, & l'on se croyoit heureux quand on étoit exaucé. Sur quoi un plaisant s'écria spiruellement aux plus empressés : « Eh ! Messieurs, ne craignez point que votre argent » vous reste, on vous le prendra tout ». Des particuliers se mêloient de ce commerce, ils suppléoient à la banque ; & comme on craignoit d'en manquer, on préféroit, pour être expédié, de perdre trois & quatre pour cent sur l'argent.

Pa mi ces derniers, il semble que le hasard voulut sur-tout favoriser les plus obscurs. On parla beaucoup, dans le tems, d'une certaine veuve de Namur, nommée *la Caumont*, qui avoit fourni des tentes & autres marchandises aux armées du roi. Par des reviremens heureux, elle se trouva entre les mains pour soixante-dix millions de billets de banque. On fait mention d'un M. de Nanthia, oncle du sieur Amelot, ministre à la mode de Bretagne, & d'un bossu qui, en peu de jours, gagnerent chacun près de trois à quatre millions, en prêtant, l'un son dos, l'autre sa bosse, en forme de pupître, aux agioteurs. On ne voyoit que laquais qui montoient le lendemain dans le carrosse de leur maître, où on les avoit vus derriere la veille. On parle d'un, ayant changé si rapidement de condition, qu'il alloit reprendre son ancien poste, si on ne l'eût averti de sa méprise; d'un autre, qui ayant pris querelle dans sa voiture, obligé de mettre pied à terre pour se battre, cria : *à moi la livrée !* d'un troisieme, qui ayant commandé un équipage, répondit, quand on lui demanda quelles armes on lui mettroit : *les plus belles.*

C'étoit dans la rue Quincampoix où s'étoit établi le théâtre du commerce des actions; car il n'y avoit pas encore de bourse. Heureux ceux qui y avoient des maisons ! Une chambre s'y louoit jusqu'à dix livres par jour. Mais la grande multitude n'avoit pas besoin d'asyle; dès la pointe du jour, le passage de cette rue étroite, étoit engorgé de joueurs : leur fureur ne faisoit que s'accroître durant la journée. On sonnoit le soir une cloche, & il falloit les expulser de force. Enfin, cette frenésie s'accrut tellement, qu'au moment où on découvrit que la banque étoit jointe à la compagnie fructueuse du Sénégal & de la traitedes negres, & à celle de la Chine & des Indes, le prix de la masse générale des actions étoit, selon M. Necker, dans sa réponse à l'abbé Merellet, en 1767, de plus de six milliards dans l'opinion.

Il y a toujours, dans ces tems de crise, des gens assez adroits pour profiter de la duperie des autres, & ce sont ceux-là qui excitent merveilleusement l'émulation générale (1). On ne fait pas attention à la multitude de gens ruinés, aux dépens de qui se forment ces fortunes prodigieuses, ou l'on attribue leur perte

(1) Pour parvenir à réduire les dettes publiques, proportionnellement aux forces de l'état, on ordonna, le 16 janvier 1721. Qu'il seroit fait un visa général de tous les effets qui existoient. Il y eut jusqu'à 800 commis employés à ce travail, il en résulta des découvertes frappantes. La fortune de le Blanc montoit à 17 millions, celle de la Faye à autant, celle de Fargès a 20, celle de Verrue à 18, & celle de madame de Chaumont à 127. Des débris de combien de milliers de fortunes particulieres, celles-ci ne devoient-elles pas être accrûes ?

à eux-mêmes, à l'ignorance, à la sottise, à l'inconduite.

Nous ne parlerons pas des gains de Law; dépositaire de la plus grande partie de la France, il étoit à portée de s'enrichir par la voie la plus sûre & la plus courte. Dès son début, il avoit acheté du comte d'Evreux, pour 800,000 liv. le comté de Tancarville, en Normandie; il avoit offert au prince de Carignan, 1,400,000 francs de l'hôtel de Soissons, à la marquise de Beuvron 500,000 liv. de sa terre de Lillebonne, enfin au duc de Sully 1,700,000 liv. de son marquisat de Rosny. Le comble de l'imprudence, c'est qu'il voulut attribuer à la bonté de son systême, la rapidité de cette opulence; & le comble de la stupidité, c'est qu'on le crut, & qu'on voulut l'imiter. Le régent s'efforçoit de confirmer cette vérité par des libéralités immenses, qu'il attribuoit à la même cause; il donna un million à l'hôtel-dieu, autant à l'hôpital général, autant aux enfans trouvés. Il employa 1,500,000 l. à payer les dettes de plusieurs prisonniers, politique qui rendit au centuple à la banque. Entre les princes du sang, le duc de Bourbon profita le plus heureusement des actions que Law leur avoit données pour se soutenir. Ce prince acheta tout ce qui se trouva à sa bienséance en terre; il fit rebâtir Chantilly avec une magnificence royale; il y forma une ménagerie, sans comparaison, mieux fournie que celle du Roi; il fit venir d'Angleterre, en une seule fois, cent cinquante coureurs, dont chacun, sur le pied où étoit alors l'argent en France, lui revenoit à 15 ou 1800 francs. Enfin, pour faire sa cour au régent, qui aimoit passionnément sa fille, la duchesse de Berry, il donna à cette princesse, ardente pour tous les plaisirs, une fête superbe, qui dura quatre jours, & coûta immensement.

Mais le tems vint où les yeux se dessillerent, & qu'on découvrit que le papier surpassoit de plus des deux tiers toutes les especes & matieres d'or & d'argent qui pouvoient être dans le royaume; en vain employa-t-on toutes sortes de stratagêmes pour soutenir le crédit public, on se mocqua des déclarations & des réglemens, & on s'occupa à réaliser; il fallut donc intercepter les billets, les réduire & remettre le numéraire dans le commerce. Ainsi s'évanouit le systême de Law, dont le résultat fut de doubler les dettes de l'état, au lieu de les diminuer, comme il l'avoit fait espérer.

Son abominable auteur éprouva bientôt le traitement ordinaire de ses semblables; il fut hué du peuple, qui voulut le mettre en pieces,

ſon carroſſe fut briſé, & il ne dut ſon ſalut qu'à la vivacité de ſes chevaux & à la hardieſſe de ſon cocher. Sur le champ, il réunit la charge de contrôleur général. Il n'en fut pas moins le mobile de toutes les opérations qui ſe firent dans le cours de la même année 1720. Il n'avoit point encore perdu la confiance du régent, qui avoit toujours un penchant ſecret pour le ſyſtême que Law ſe flattoit de rétablir, & qui ne l'abandonna que lorſque ce dernier eut épuiſé inutilement toutes les reſſources de ſon imagination. Il fut congédié à petit bruit, & tout le monde ſait que ſa fin a été de mourir *de miſere* à Veniſe.

PEIXOTTE.

Il y avoit à Paris un nommé Peixotte, fameux banquier, qui ne haïſſoit pas les jolies femmes, mais qui ne les aimoit que d'un certain côté. La Dervieux étoit une fille de ce bas monde, jolie comme l'amour, toute jeune & très-connue. Outre ſon entreteneur, elle avoit, ſelon l'uſage, deux bons amis, l'un conſeiller au parlement, l'autre attaché au barreau nommé la T....., jeune homme de vingt ans, très lié avec le duc de Chartres, aujourd'hui duc d'Orléans, joli & ressemblant à Louis XV auquel, dit-on, il est possible de ressembler de plus loin.

Peixotte arrive un matin chez la Dervieux où aucun des trois tenans ne se trouvoit. Il offre cent louis si l'on veut dévoiler tous ses appas; on les accepte, on se deshabille en folatrant, & le vieux satyre, après quelques éloges très succincts sur une gorge & des charmes plus secrets qui méritoient des autels, s'extasie sur une chûte de reins admirable; il admire, il touche, il palpe, il carresse, il se met à genoux devant des fesses qui le disputoient à celles de Venus Callipige; lunettes sur le nez, représentez-vous l'infâme en délire & portant un doigt profane.... -- Ah, monsieur! *retirez-vous, je n'en suis pas!* » -- *Ma belle* « *enfant, je te donnerai ce que voudras, laisse* « *moi un instant* ». Il s'enhardit, elle se fâche, sourit & il s'en va avec la promesse de revenir.

Le soir, la Dervieux conte à la T.... son aventure & conclut par dire qu'elle ne veut plus le voir de même. » *Tu es une sotte! tire moi* « *plutôt parti de ce goût hétéroclite. -- Com-* « *ment! tu voudrois...? -- Repose toi sur moi &* « *donne rendez-vous à ce vieux coquin. --* « *Mais... s'il alloit vouloir assouvir sa fan-*

« *taisie? -- J'entends, sois tranquille, je veillerai* « *avec notre ami* ».

Rendez-vous donné, & cent autres louis apportés & reçus, Peixotte demande pour toute grace qu'on lui laisse placer entre ces belles fesses qu'il idolâtre, un petit étui de nacre de perle très-mignon & très-joli. Après bien des contorsions risibles, la Dervieux laisse placer ce qu'on lui présente. Les deux amis étoient cachés, mais quel est leur étonnement de voir le sapajou tirer six grandes plumes de paon, déboucher l'étui & les faire entrer dans des trous fais exprès. Il se met ensuite à un bout de la chambre, la fait promener à quatre pattes, & commence avec lui-même l'opération d'Onan, en contemplant la jolie perspective qu'il s'étoit faite. On croit bien que la T... & le magistrat, son digne accolyte, furent obligés de quitter leur cachette pour ne pas se trahir. Sur ces entrefaites & pendant que la petite folle se miroit dans les glaces & rioit de tout son cœur, le vilain propose de remplacer l'étuy. La belle, bien conseillée, se montre moins difficile, mais propose un autre rendez-vous, & met cet étrange pucelage à 500 louis. Peixotte n'est point effrayé, il accepte : on prend jour, on se sépare & l'homme emporte son étuy & ses plumes.

Alors la T . . . bâtit un projet. Il ſuivoit encore le barreau ; au jour nommé, ils arrivent ſon camarade & lui chez la petite en robbe, du palais. Son valet de chambre, garçon robuſte & d'une riche taille, qui par fois couroit ſur les briſés de ſon maître avec la voluptueuſe Dervieux, portoit un habit rouge, avec une treſſe d'or & une épée, ce qui approchoit beaucoup d'un ſur-tout uniforme de nos anciens inſpecteurs de police. Deux grands & vigoureux laquais en habit gris compoſoient le reſte de l'eſcorte. La petite, bien inſtruite de ſon rôle, ſur-tout de faire dépoſer ſur la cheminée les 500 louis, nos deux roués paſſent dans une autre chambre, auſſi-tôt qu'ils entrevoient Peixotte qu'on annonce.

La ſcène s'ouvre par la génuflexion, la contemplation & les adorations. L'étui revient ſur jeu ; le paon ſe promene pour mettre monſieur en train ; mais, au moment où les levres de l'aimable Dervieux touchoient le verre de l'Iſraëlite d'une maniere trop bruſque pour ne pas aſpirer en entier la liqueur qu'il renfermoit, les portes s'ouvrent inopinément avec bruit, & l'on annonce MM. les commiſſaires du Roi, avec un inſpecteur de police. La fille, à qui, par un caprice ſingulier, l'expreſſion de la paſſion de Peixotte, ceſſoit, depuis quelques inſtans, de paroître déſagréable, reſte immobile & ſe prête avec un certain plaisir aux mouvemens du voluptueux banquier ; celui-ci, entraîné par un feu dévorant, accélére la vivacité de ses mouvemens, jette des regards troublés sur tout ce qui l'environne, fait pâmer sa compagne & ne lache prise qu'au moment où ses flammes cessent d'avoir de l'aliment. La Dervieux, revenüe à elle, veut alors se rétirer ; mais l'inspecteur l'arrête, la T...., de son côté, coupe le chemin au vieux fol qui commençoit à s'intriguer de l'aspect de tant de personnes qui lui étoient inconnues, & le magistrat se place auprès de la cheminée pour veiller à la sûreté de l'or qu'on y a déposé. Alors, de l'air le plus grave, la T..... dit à Peixotte « : *Monsieur, la Cour informée des* « *déportemens qui se commettent chez made-* « *moiselle, a délibéré que nous nous transpor-* « *terions ici pour y procéder à l'effet d'ar-* « *rêter des débauches aussi scandaleuses que* » *nüisibles à la population, reprenez vos sens, &* « *asseyez-vous* ». Plus mort que vif, Peixotte s'assied dans un fauteuil & se remet dans un état décent, ainsi que sa jolie complice qui avoit toutes les peines du monde à contenir ses ris. On apporte une table, le conseiller au parlement tire du papier de sa poche, & la T..

dicte un procès-verbal où rien n'est oublié ; l'état des lieux, des choses, le signalement de l'homme, son refus de dire son nom &c. &c, le tout est décrit dans le plus grand détail, & l'étui ainsi que les plumes mis en séquestre pour être déposés au Greffe de la Cour. Il approche ensuite de la cheminée ; à la vue de l'or, il marque de l'étonnement, de l'incertitude & demande à qui il est. La petite, suivant ses instructions, assure qu'il est à elle. Le scélérat affecte un doute & déclare qu'il est obligé de le confisquer, s'il appartient à l'anonyme. Peixotte interrogé, affirme qu'il est à la Dervieux ; on le remet à celle-ci, & on lui fait une éloquente mercuriale. On exige, malgré cela, une attestation du banquier qui dit ne pas savoir écrire ; le greffier la rédige pour lui, & l'Israëlite, après y avoir ajouté une croix, reçoit une vive semonce sur la méséance de ses goûts Italiens ; on lui annonce qu'il est libre & il se sauve.

Le soir il y avoit à l'Opéra vingt copies figurée du procès-verbal auquel les deux démons eurent l'attention de joindre encore une estampe où les personnages & l'attitude étoient d'une ressemblance frappante. On peut juger de la fureur de Peixotte, d'avoir été joué ainsi. Pour l'achever, la T... envoya le lendemain chez lui un laquais dégourdi & bien préparé, porter

porter des complimens, & lui dire qu'étant informé qu'il vouloit se défaire d'un étui de nacre, & d'une partie de plumes de Paon, il le prioit de les lui céder, parce qu'il en avoit besoin pour en faire présent à Mademoiselle Dervieux & compagnie, qu'au reste le prix ne feroit rien, fallût il les cinq cents louis qu'il avoit abandonnés à cette aimable personne.

BIGOT.

Sur la fin de la guerre de 1756, le gouvernement, excédé des murmures & des plaintes qui lui parvenoient de toutes parts, se résolut de faire un grand exemple pour calmer un peu la fermentation occasionnée par tant de désastres, de pertes & de fautes; mais trop foible pour attaquer les abus dans leur source, & punir les *grands coupables*, il chercha des victimes qui n'eussent pas des entours trop puissans, & cependant susceptibles de faire sensation par leur place, leur nombre & la nature de leurs forfaits. Berryer, naturellement dur & mal-faisant, conduit jusques-là par la crainte de se nuire à lui-même, crut alors pouvoir agir en toute sûreté; en effet, il trouvoit toutes les conditions requises par la cour, dans les chefs & les administrateurs du Canada.

Furieux de l'énormité des sommes que ses prédécesseurs avoient fournies, & de celles qu'il étoit obligé lui-même d'y faire passer, malgré tout son plan d'économie, mais plus encore des dettes qui restoient à payer, même après la perte de cette colonie ; instruit d'ailleurs de l'excès des désordres, puisque les chefs & les subalternes l'en avoient également prévenu, dans le fol espoir de s'en décharger respectivement, & de faire retomber le blâme sur d'autres, commença par s'en prendre directement à l'intendant, nommé Bigot, fils d'un conseiller, mort sous-doyen du parlement de Bordeaux, & petit-fils d'un greffier en chef de cette même compagnie, proche parent de M. le comte de Marville, qui l'avoit fait entrer dans le corps de l'administration de la marine, qu'on appelloit alors *la Plume*, & avoit mis le cadet dans l'épée.

Après avoir parcouru dans cette carriere les plus grands emplois, cet aîné avoit été nommé par M. le comte de Maurepas, commissaire ordonnateur à Louisbourg, où, lorsque cette forteresse tomba au pouvoir de l'ennemi en 1745, il fut accusé d'avoir contribué au soulévement de la garnison, indignée de voir qu'on s'appropriât le fruit de ses sueurs, en la privant de la paye que lui accordoit le Roi pour la construction & la réparation des fortifications. Cependant comme les plaintes portoient également sur le gouverneur & sur les officiers subalternes, qu'il auroit fallu impliquer dans le procès ; comme le ministre étoit un homme doux, ennemi de l'éclat & croyant le mal difficilement ; comme d'ailleurs il y auroit eu beaucoup de difficultés, pour ne pas dire plus, à acquérir les preuves d'un fait où tous les chefs se trouvoient ligués contre les soldats ; comme enfin la gloire dont se couvroient les armes de Sa Majesté, effaçoit jusqu'aux disgraces, l'accusation n'eut pas de suite, & Bigot n'en fut pas moins, à la paix, nommé intendant de la Nouvelle-France.

Malheureusement impuni, il n'en acquit que plus d'audace à malverser dans une colonie, où par l'éloignement de la métropole avec laquelle on étoit huit mois sans communication, & par celui des postes multipliés, dont elle étoit composée & à des distances considérables, un chef avoit nécessairement une autorité illimitée, & pouvoit cacher ses manœuvres ténébreuses. La traite de certaines marchandises d'Europe contre les pelleteries & autres marchandises du pays, les présens à faire aux sauvages, la subsistance des troupes & des colons, dont est presque totalement chargé l'intendant, avec approvisionnemens qu'on lui envoie de France : tant de détails compliqués, dont on ne pouvoit se tirer que par une sagacité rare, offroient en même-tems, à la fraude, les revirremens les plus adroits & les plus avantageux. Bigot en avoit profité avec tant de succès, qu'il étoit devenu excessivement riche & beaucoup d'autres avec lui, parce que cette manutention ne peut se faire que par l'entremise de coopérateurs, d'agens & de subalternes, qui tous s'évertuent dans la même proportion, quelquefois même encore avec plus d'ardeur & d'activité ; mais c'est toujours sur le chef que se portent les regards, c'est contre lui que s'élevent les réclamations. Moins adroits que le P. Lavaur, (1) Bigot eut la gaucherie de ne pas cacher, du moins, assez son opulence, & au milieu de la misere publique, de tenir une table de vingt couverts, & servie de façon à nourrir plus de deux cens habitans.

Berryer, instruit du luxe & des profusions

(1) Ce disciple d'Ignace, quoique riche de plus de 12, 0000 francs qu'il avoit volés dans l'Inde, reparut en France en 1764 comme un homme qui n'avoit aucune fortune & poussa même l'hypocrisie jusqu'à supplier la Cour de daigner lui accorder une petite pension pour lui aider à passer le reste de ses jours au fond de sa province.

de l'intendant, lui avoit écrit : « *Je vous prie* » *de faire de très-sérieuses réflexions sur la* » *manière dont l'administration qui vous est* » *confiée, a été conduite jusqu'à présent ; cela* » *est plus important que vous ne pensez.* » Il n'en tint compte ; en effet, ayant échappé jadis à un péril bien plus instant, puisqu'il avoit eu pour accusateurs directs toutes les troupes de la colonie, il se flatta de se tirer encore mieux d'affaire dans un tems où le changement continuel de ministre le débarrasseroit bientôt de cet argus importun. D'ailleurs, bien plus riche qu'autre fois, il avoit des moyens de justification infaillibles auprès d'une cour corrompue, & la confusion générale des affaires devoit laisser un voile si épais sur ses malversations, qu'il regardoit comme impossible que personne pût le livrer. Rassuré par tant de ressources, il part du Canada, & malgré les lettres menaçantes du ministre, il arrive à Versailles, où il se présente, & demande le paiement des lettres de change, dont il est porteur, qu'il annonce comme d'autant plus sacrées, que c'est le résultat de ses propres appointemens, qu'il a sacrifiés pour acheter du bled, & faire vivre la colonie. Le silence du ministre ne l'épouvante point, il produit une partie de sa fortune au-dehors, achète des terres, & étale sa magnificence jusqu'aux portes de Versailles. Ce fut au milieu de cette sécurité, que, chargé par Cadet, munitionnaire général des vivres du Canada, arrêté le 17 novembre 1761, il fut arrêté lui-même le 17 décembre, & jetté dans un des affreux cachots de la Bastille.

Un mois après, il se publia des lettres patentes, par lesquelles le Roi ordonna qu'une commission du chatelet instruiroit le procès des auteurs, complices, fauteurs & adhérens des monopoles, abus, vexations & prévarications commis dans ses colonies de l'Amérique septentrionale, ce qui impliquoit plus de cinquante accusés de tout état, parmi lesquels étoient le gouverneur, l'intendant, dix-sept commandans de postes, deux commissaires de la marine, un membre du conseil supérieur de Québec, &c. Le président de cette commission, fut Sartine, alors lieutenant de police, qui, par la nature de sa place & l'esprit d'astuce dont il étoit naturellement doué, & qu'il avoit merveilleusement développé par les divers interrogatoires qu'avoient subis les principaux accusés, sembla être celui des chefs du châtelet, le plus propre à cette fonction : Dupont, conseiller au même tribunal, fit le rapport, & il auroit été fort difficile de trouver un Magiſtrat plus éclairé en pareille matiere, plus *intègre*, plus formaliſte, mieux pourvu de l'eſprit, d'ordre, de minutie & de chicane néceſſaire à ſon rôle, & ſur-tout d'une patience plus infatigable. On ne goûta pas également le procureur du Roi, homme d'eſprit cependant, mais dont la probité, déjà trop ſuſpecte, ſembloit devoir céder à une épreuve difficile à ſubir, même pour lui plus intacte, on l'avoit nommé procureur général de la commiſſion.

L'inſtruction de ce procès ſur lequel la France, toute l'Europe & même le nouveau monde avoient les yeux ouverts, dura pendant près de trois années. Le jugement, en date du 10 décembre 1763, ne répondit nullement à l'intérêt public; il fut ordonné en tout, environ douze millions de reſtitution envers le Roi. Le marquis de Vaudreuil fut déchargé de l'accuſation, quoique ſa foibleſſe fût très-digne de punition, parce qu'il ne pouvoit ignorer les concuſſions de ſon collegue, & ſur-tout des officiers ſoumis à ſes ordres. Convaincus d'avoir toléré, favoriſé & commis eux-mêmes les abus, malverſations, prévarications & infidélités dans la partie des finances mentionnée au procès, Bigot, Varin, commiſſaires ordonnateurs à Montréal; & Bréard, Contrôleur de la marine à Québec, ne furent punis que du bannissement ; quelques officiers furent seulement admonestés, quoique censés avoir eu connoissance de vols faits au Roi, & y avoir même participé : mais le plus étonnant, ce fut *Péan*, le Major des troupes, qui, condamné à six cens mille livres de restitution envers Sa Majesté, ne reçut pas la plus petite note d'infamie (1). Quant aux douze millions dont on a parlé plus haut, on se doute bien qu'il n'en entra gueres dans les coffres du Roi. Cadet devoit, pour son compte, regorger six millions, mais il en redemandoit dix ou onze ; pour être quitte, on le réhabilita, & Gerbier, son avocat, fut celui qui tira le plus de tout ; il eut 300 mille francs d'honoraire. Penisault, son commis, ayant eu la précaution de se pourvoir d'une jolie femme, qui eût le bonheur de plaire au duc de Choiseul, elle lui fit avoir des lettres de justification qui le ren-

(1) Les commissaires s'excusèrent en disant qu'il n'y avoit point de loi qui les autorisât à prononcer la peine de mort en pareil cas; cependant, on pouvoit tout au moins assimiler le crime des accusés au vol domestique, & l'on sait qu'une malheureuse servante est pendue pour avoir dérobé à sa maîtresse une serviette ou un simple fichu de grosse mousseline.

dirent

dirent blanc comme neige, & lui conserverent les gains frauduleux qu'il avoit été forcé de rendre. Un fils de Bréard épousa depuis une parente de ce ministre. L'intendant seul, sur qui on avoit les yeux trop ouverts, subit son châtiment, sans pouvoir rentrer en France; eh pourquoi? uniquement parce que, vieux garçon, il n'avoit ni femme ni fille à prostituer. Malheureux Français, qui regrettez l'ancien régime, voyez ce que vous étiez, & considérez présentement ce que vous pourrez être si vous avez la noble hardiesse de chasser de votre sein les scélérats qui osoient tolérer des êtres aussi criminels, que les monstres qui avoient servi dans le Canada!

LE CHEVALIER TURGOT.

En 1764, on proposa au duc de Choiseuil deux plans, l'un de gonfler la colonie de Cayenne, en la tirant de cet état de misère & d'enfance où elle étoit depuis plus d'un siècle, l'autre, d'établir dans le vaste continent de la Guyenne, sous le nom superbe de *France Equinoxiale*, une population nationale & libre, capable de résister dans la suite par elle-même aux attaques étrangères, & propre à voler au secours des colonies à sucre lorsqu'il seroit néceſſaire. C'étoit donc, pour parler ainſi, une ſuccurſale à la mère-patrie qu'il eût ménagée, une pépinière d'hommes qui euſſent facilement fait oublier la perte du Canada.

Il s'agiſſoit de mettre ſous les yeux du Roi le nom de M. Turgot, auteur du projet, chevalier de Malthe, ayant tenu galére, grand botaniſte, de l'académie des ſciences, ami de Poivre, & protégé du roué Beudet, qui avoit parlé en ſa faveur au duc de Choiſeuil, dans l'eſpérance que le philoſophe ne ſongeant qu'à ſes ſimples, laiſſeroit Chauvallon, autre roué, tailler & rogner comme il voudroit. Perſonne à la cour ne connoiſſoit Turgot; ſon frère, l'intendant, magiſtrat laborieux & conſidéré, ne quittoit ni Limoges, ni les ſavans; le préſident à mortier, padagre, n'étoit apperçu qu'au palais; ce nom enfin, autrefois ſi fameux, lorſqu'il appartenoit à un de nos prévôts des marchands, conſervoit cette réputation d'eſtime ſi bien méritée, ſans qu'on apperçût un ſeul de ceux qui le portoient encore.

Dès que le duc fut convenu de faire adopter le plan propoſé, il témoigna ſon embarras au chevalier, & lui dit : « mais, chevalier, vous » a-t-on préſenté? Moi! jamais, dieu merci; » je n'ai jamais voulu avoir recours à cette » reſſource qui eſt celle des gens incapables

» d'aucun effort par eux-mêmes.... -- Soit;
» mais sa Majesté vous connoît-elle? -- Je
» l'ignore; né sans ambition, uniquement
» occupé des moyens d'être utile à ma patrie
» quand elle aura besoin de mes services, je
» passe la plus grande partie de ma vie dans
» mes terres, où je suis, j'en suis sûr, plus
» heureux que Louis XV au milieu de toute
» sa cour. -- Quant à cela, vous pouvez le
» croire, car il n'est pas de prince qui soit
» peut-être plus souvent ennuyé; malgré cela,
« on peut, de loin en loin, se montrer à Ver-
» sailles? -- Je viens aussi assez souvent dans
» ce séjour d'orages. -- Qui voyez-vous?
» Quand j'ai passé mon été parmi mes vas-
» saux, dont je tâche d'adoucir la malheu-
» reuse situation en leur faisant part des trois
» quarts de mon superflu, je reviens à Paris,
» où je vais chez Rouelle, Jussieu, Macquer,
» cadet. -- Eh f..... ! ce n'est pas cela que je
» vous demande! quels ministres connoissez-
» vous? -- Depuis que les femmes les font
« ou les défont, je n'en connois plus aucun.
» -- A la bonne heure; mais en fait de sei-
» gneurs? --- Tous ignorans, tous fripons
» qui ne savent que faire des dettes, vivre
» dans la crapule & tromper le meilleur des
» maîtres. -- Eh! les femmes? -- Je n'en ai

» plus besoin ; d'ailleurs, j'aime mes aises
» -- Comment ? -- Oui ; j'ai la femme de
» chambre de madame de...... -- J'entends à
» demi-mot ; quoi ! un Turgot vit avec..... ?
» -- Ah ! M. le duc, si vous voyiez sa chûte
» de reins, ses hanches ! -- Vous êtes fou ?
» - J'en ai des enfans. -- Chevalier de Malthe...
» des enfans... gouverneur... Comment diable
» allier tout cela ? -- Rien de si facile, puisque
» vous me prenez pour mes connoissances en
» histoire naturelle. - Je comprends bien, &
» vous devez bien me comprendre aussi ; je ne
» vous défends point d'aller chez la Gourdan,
» si cela vous plaît ; mais cette fille, est-ce
» que vous voulez l'emmener ? Oh non, elle
» restera avec mes enfans. -- Cela n'est donc
» point public... ? -- Mon frère l'ignore, &,
» s'il le savoit, nous serions brouillés. Je vous
» supplie même, M. le duc.... -- Soyez tran-
« quille, votre secret ne transpirera point de
» mon côté ; mais.... est-ce que vous voulez
» vous marier ? -- Je n'en sais rien ! je vou-
» drois seulement, pour cet instant, ne pas
» déplaire à mon frère que j'aime, & donner en
» même tems un état à mes enfans, que j'aime
» encore davantage. -- Au reste, je me f.... de
» tout cela ! Voyons, il faut que je vous mette
» sous les yeux du Roi dans mon premier

» travail. -- Ce n'eſt pas la mer à boire ?
» Non, mais ce prince n'aime point qu'on
» lui propoſe quelqu'un dont il n'a jamais
» entendu parler; ce n'eſt pas que ſa volonté
» s'y refuſe, mais ſon amour-propre en ſouffre.
» -- Eh! comment diantre fait-on donc quand
» cela arrive ? -- Oh! oh! quant à cela, nous
» nous aidons. Par exemple, veut-on procurer
» un régiment, un évêché, un vaiſſeau,
» une groſſe abbaye à quelque ſujet qui
» le plus ſouvent malheureuſement en eſt
» abſolument indigne ? Moi, ou tout autre,
» nous entretenons le Roi de la famille dont
» le nom doit être mis ſous ſes yeux;
» le monarque alors dit à ceux qui lui en
» parlent enſuite : je le connois, ... bonne
» famille... de la réputation... gens diſtingués...
» & le voilà content. -- Oui, vraiment! pour-
» quoi? parce qu'on lui a propoſé des noms
» qui ne lui ſont pas abſolument neufs. -- Ah
» parbleu, je ne me ſerois pas attendu à cela!
» -- Vous avez tort; tous les Rois ſont de
» même, ils veulent ne rien faire, ne ſe
» mêler de rien, & avoir l'air de ſavoir tout.
» -- A la bonne heure; mais, pour moi, com-
» ment ferez-vous ? -- Ma foi, je ſuis bien
» embarraſſé. Que diable auſſi! quoi, pas une
» ame ? -- A propos, mais je me rappelle qu'à

» Saint-Germain je connois le jardinier du duc
» d'Ayen. -- Eh ! mon dieu, que ne dites-
» vous donc ? A Trianon, je connois aussi...
» non, non, Saint-Germain ! J'ai votre affaire ;
» à dieu ».

Trois semaines s'écoulèrent après cette conversation singulière, que j'ai conservée en entier pour donner une idée de la ténuité des moyens qu'on employoit pour réussir à la cour de Louis XV, qu'on ne peut trop faire connoître. Le chevalier, croyant le tout manqué, s'en consoloit avec les hanches & la charmante chûte de reins de sa maîtresse, lorsque M. de Choiseuil lui écrivit de venir à Versailles pour être présenté. « Ma foi, M. le
» duc, j'ai cru que vous m'aviez oublié ? -- Il
» ne m'a pas fallu moins de tems pour cir-
» convenir. -- Eh ! comment avez-vous fait ?
» --- Le duc d'Ayen m'a dit ne pas vous
» connoître ; mais, lorsque je lui ai parlé de
» son jardinier, de ses plantes dont il est fou,
» de vos vues enfin, il m'a compris. -- Qu'a-
» t-il fait ? -- Je l'ignore ; mais il m'a assuré
» avant-hier que je pouvois sans crainte vous
» présenter. Hier, aprés le lever, j'ai fait un
» travail sur la cheminée, & le Roi m'a dit
» qu'il vous connoissoit ; vous serez bien reçu ;
» montons la haut ».

Le chevalier tout émerveillé suit le duc ; on le fait entrer dans le cabinet. Après la prière, le Roi passe & dit au duc : *Ah ! Ah ! voilà « le chevalier Turgot ! du génie, des vues, des » idées neuves. -- Sire, c'est le gouverneur de » la France équinoxiale !* Le monarque sourit, tourne le dos, & fait signe au ministre de le suivre.

Le chevalier, tout rayonnant de gloire, n'oublie pas que le duc d'Ayen, capitaine des gardes en exercice, lui a procuré l'honneur d'être connu de son maître ; il va le voir aussitôt. « J'ignorois, M. le duc, les obligations » que je vous ai ; M. de Choiseuil m'en a instruit : j'en suis d'autant plus flatté que, n'ayant » pas l'honneur d'être connu de vous, personnellement, j'avois moins de droit d'espérer de mériter votre estime. -- Ah ! ah ! » vous descendez de là haut ? -- Oui, M. le » duc. -- Avez-vous salué le Roi ? c'est-il » fait ? -- Je ne sais pas, mais Sa Majesté est » venue à moi, m'a nommé, m'a reconnu, » cela est extraordinaire, il ne m'a jamais vu ; » il faut que vous lui ayez parlé de moi avec » toutes sortes de bonté, car, au lieu de passer » droit sans regarder, comme c'est son usage, » à ce qu'on m'a dit, son abord a été très-gra-

» cieux. -- Oh ! soyez-en sûr, il vous a reconnu,
» je lui ai dit que vous étiez borgne ; (à ce mot le chevalier fit la grimace, le duc s'en étant apperçu, répara sur le champ son épigramme, en ajoutant d'un ton d'amitié) « Je l'ai entre-
» tenu de votre génie, de votre personne.
» -- C'est donc pour cela que j'ai entendu les
» mots de génie, idées neuves ; (alors le che-
» valier détailla tous ses plans, persuadé que,
» d'accord avec le duc de Choiseuil, M. d'Ayen
» les avoit exposés au Roi, & concluant tou-
» jours par de grands remerciemens.) -- Oui,
» reprit le duc d'Ayen, après cette longue
» tirade, je saisis, la semaine derniere, le
» moment de parler de vous à Sa Majesté,
» c'étoit à Choisy pendant le souper. Chau-
» velin me demanda un filet de faisan à la
» tartare ; je lui dis qu'il avoit bonne mine.
» Chauvelin l'ayant trouvé excellent, le Roi
» qui sait qu'il est gourmand, me demanda
» l'autre filet ; l'idée me venant alors de parler
» de vous, je lui dis que j'en avois mangé
« accommodé à la turque ; où, me demanda
» ce prince ? Chez moi, Sire, à S. Germain,
» c'est le chevalier Turgot qui en a donné la
» recette à mon jardinier, mon cuisinier a
» fort bien réussi. *J'en veux avoir*, m'a dit le
» Roi..... Il l'a déjà oublié, mais, malgré cela,

je

» je ne suis point du tout étonné qu'il vous » ait bien reçu ».

Le pauvre Turgot ne savoit à quelle sauce manger ce poisson. Embarrassé, honteux, rougissant & palissant tour-à-tour, il gardoit le silence ». Eh, quoi, lui dit le duc, vous êtes « étonné ?-- Mais; on le seroit à moins ? -- Je « vois bien que vous ne connoissez pas... » Vous êtes neuf... cependant, à votre âge. « Tous les jours nous rendons de ces services « aux ministres. Notre maître veut reconnoître « les noms, eh bien! il faut le mettre à son « aise. Heureux d'avoir pû contribuer à votre « satisfaction... Et il le conduisit poliment.

Cependant les vues de Turgot & du duc de Choiseuil étoient bonnes, mais le tems, les circonstances & le local mal choisis. Les mesures furent plus mal prises encore : on fit à grands frais, venir des familles Alsaciennes, dont quelques-unes penserent mourir de faim en France avant leur embarquement, pronostic de la destinée qui les attendoit! Douze mille hommes furent débarqués à la fois, après une longue navigation, sur des plages désertes & impraticables dans la saison des pluyes. Le gouvernement devoit les loger & les nourrir dans les commencemens. Un mauvais hangard fut le seul hospice qu'on leur fournit, & les subsistances altérées par la chaleur, l'humidité & le transport, y causèrent l'épidémie & la mortalité. Les inondations achevèrent de détruire ceux qu'avoit épargnés la maladie. Le chevalier Turgot, auteur du projet, nommé gouverneur de la Guianne avec cent mille francs d'appointemens, dont il avoit joui paisiblement ici pendant dix mois, sous prétexte d'aider le ministere de ses conseils, fut enfin obligé de partir pour remédier à tant de désordres. Sur les plaintes générales que les Colons portèrent contre Chauvallon, l'intendant, il crut devoir s'assurer de sa personne, il le fit arrêter & l'envoya pieds & mains liés en France. Il revint, après cette expédition, rendre compte de la colonie, c'est-à-dire, apprendre ce que répandoit déjà la rumeur publique, qu'il n'y avoit plus de colonie. Il en a résulté, entre les deux chefs, s'inculpant réciproquement, une querelle qui a été traité dans l'intérieur du cabinet des ministres, & il n'y a jamais eu de décision, du moins légale. Le chevalier Turgot & Chauvallon se sont vus disgraciés tour à tour, cependant, condamné à une prison perpétuelle, mais sans aucune expiation pour le sang versée dans ces contrées éloignées, criant inutilement vengeance. Ce dernier depuis, par une de ces contradictions qu'on ne trouve qu'en France, s'est trouvé libre, même innocent avec la défense bizarre de publier son jugement.

MADEMOISELLE DE ROMANS.

Plus on avance, dans la vie de Louis XV, & moins on peut le définir On voit par son testament, en 1766, premiere époque où il y pensa, qu'il avoit reconnu ses défauts & les vices de son règne. En 1768, à le voir supprimer le Parc au Cerf & chercher à éviter le scandale d'une vie trop publiquement dissolue, qui n'eût pas cru qu'il commençoit à connoître ses torts? Cependant, à une époque où tout devoit le confirmer dans les meilleures dispositions, à la mort de la Reine, le 25 juin 1768, il retomba dans les plus grands débordemens, se livra de nouveau à toutes ses foiblesses & souffrit que son royaume devînt la proye de tous les brigands qui l'entouroient. On en fut d'autant plus consterné que le Roi avoit fait un acte de vigueur étonnant pour lui, en ce qu'il sembloit annoncer une résolution sincere de mieux vivre de soustraire enfin aux yeux de son peuple tout ce qui pouvoit rappeller le souvenir de ses égaremens.

Entre la foule énorme des beautés offertes à son choix, il avoit distingué une demoiselle Romans, fille bien née, qui avoit reçu la plus belle éducation, ingénue, & qui, résistant à ses premieres carresses, n'avoit voulu les recevoir qu'à condition de ne point entrer dans ce sérail infâme où étoient indistinctement confondues ses semblables. Sa Majesté s'y étoit attachée, lui avoit acheté une maison à Passy où la jeune personne étoit accouchée d'un fils, qui, depuis connu sous le nom d'abbé de Bourbon, fait chanoine de notre-Dame, est mort, il y a quelques années, de la petite vérole. Le Roi enchanté lui avoit permis de le faire baptiser sous son nom avec promesse de le reconnoître en tems & lieu, exigeant sur cela silence jusqu'à ce qu'il lui plut manifester sa volonté. Mademoiselle Romans avoit nourri elle-même cet illustre poupon, &, le considérant moins comme son enfant que comme celui de Louis XV, elle avoit la puérilité de lui rendre des hommages anticipés; elle ne l'appelloit jamais que *monseigneur*; elle le mettoit sur le derriere de son carrosse & se tenoit sur le devant comme sa gouvernante, elle exigeoit les mêmes hommages, non-seulement de ses domestiques & de sa famille, mais de tous les étrangers qui venoient chez elle. Long-tems le Roi, flatté intérieurement de cet enfantillage, l'avoit toléré, parce que, circonscrit dans les bornes de sa maison, il n'en transpiroit rien au dehors. D'ailleurs, cette sultane subalterne vivoit dans une retraite profonde, montroit beaucoup de modestie, édifioit même, autant que le comportoit son état, ses voisins & son curé, se faisoit aimer généralement par sa bienfaisance, & sur-tout ne se mêloit en rien des affaires, ce qui avoit empêché madame de Pompadour, & depuis les ministres, d'en prendre aucune jalousie. Mais quel azyle ne viole pas l'intrigue! Un abbé de Lustrac, homme de condition, voyant la maîtresse en titre, morte sans être remplacée, crut le moment favorable & s'impatronisa chez mademoiselle de Romans sous prétexte de concourir à l'éducation de son fils. Elle a peu d'esprit; il gagna sa confiance; elle fut bien aise de trouver un conseil, un homme en état d'écrire ses lettres au Roi; quoiqu'elle ne fut pas tourmentée de l'ambition d'être la favorite en titre, il la prit par son foible pour son enfant, & lui fit sentir la nécessité de presser sa Majesté d'effectuer sa parole Royale à l'égard de ce gage précieux de son amour. Plus le monarque éludoit de la remplir, plus il lui faisoit sentir la nécessité de réveiller sa tendresse; & elle comprit facilement qu'il ne pouvoit donner un état au jeune prince sans consolider celui de la mere, & le rendre inébranlable.

Il flatta tellement son orgueil qu'elle se répandit plus au dehors; elle affecta des airs de grandeur & ne dissimula pas les titres sur lesquels ils étoient fondés. Elle croyoit par là forcer en quelque sorte son auguste amant, à accélérer l'instant désiré, il en fut autrement. Louis XV prit de l'humeur, & les ministres, qui se trouvoient fort bien d'être débarrassés du joug d'une maîtresse impérieuse, n'étant pas disposés à en voir renaître une seconde, aigrirent le Monarque. Un beau matin, on vint enlever mademoiselle de Romans, ort durement; elle fut conduite dans un couvent par lettre de cachet, & séparée de son fils, qui fut mis dans un collège sans qu'elle sçut lequel; le confident, auteur de tout le désordre, fut resserré étroitement dans un château fort. Ainsi se dissipa ce complot, & le public, qui ignoroit la cause sécrette d'un tel événement, l'attribua à la résipiscence du souverain pécheur. Il en étoit bien peut-être quelque chose, (1) mais Richelieu, sous prétexte de distraire sa douleur, vint le

(1) Madame Adelaïde a dit à M. d'Outremont, avocat, appellé à Choisy lors de l'ouverture du testament de Louis XV, que son auguste pere étoit alors converti sincérement & résolu à vivre en bon chrétien.

ramener au péché en lui faisant connoître madame Dubarry qui remplit le dernier épisode des amours de ce prince & qui mit le comble aux infamies dont sa vie n'étoit déjà que trop surchargée.

LA COMTESSE DUBARRY.

Depuis la mort de la marquise de Pompadour & la disgrace de mademoiselle Romans, Louis XV n'avoit pas eu de maîtresse en titre, ni même de connue. C'étoient continuellement de nouvelles passades, soit de femme de la cour, soit de bourgeoises, soit de grisettes; on lui en choisissoit dans les divers ordres de l'état; car sa luxure insatiable trouvoit tout bon, mais se dégoûtoit bientôt de tout. C'étoit l'emploi de ces hommes vicieux, qui l'avoient replongé dans la débauche, dont il avoit eu un instant le desir de se retirer; de lui procurer sans cesse des jouissances propres à l'assouvir.

Le Bel, premier valet de chambre de Sa Majesté, étoit entr'autres, spécialement chargé des découvertes. Un jour qu'il étoit en quête, il rencontra un certain comte du Barry, faisant les mêmes fonctions pour plusieurs seigneurs; il lui témoigne son embarras. « *N'est-ce*

» *que cela*, répondit celui-ci? *n'allez pas plus* » *loin, j'ai votre affaire, un véritable morceau* » *de Roi; vous l'allez voir.* » Il le mene chez lui, & montre à son ami une demoiselle l'Ange, autrefois sa maîtresse, & dont il faisoit généreusement part aux autres. Par spéculation de fortune, il assure le Bel, que le monarque n'en aura point plutôt tâté, qu'il se contentera de celle-là. Effectivement, la créature plût tellement au Bonneau moderne, qu'il convint de l'introduire au lit du monarque. Nous ne fouillerons pas plus avant dans les mysteres ténébreux de l'entrevue. Nous observerons seulement que Sa Majesté en fut si enchantée, qu'Elle en témoigna sa vive satisfaction au duc de Noailles, en avouant qu'elle lui avoit donné des plaisirs qu'Elle ignoroit encore. *Sire*, lui répondit ce courtisan, avec une franchise que bien d'autres n'auroient certainement pas eue, « *c'est que vous n'avez jamais été au B.....* » Ce mot auroit dû ouvrir les yeux de son maître, s'il eut été susceptible de vaincre cet indigne attachement. Le charme étoit trop puissant, il ne pût plus se passer de cette dévergondée: il fallut la conduire secrettement à Compiégne ainsi qu'à Fontainebleau, & l'excès de son ardeur l'aveuglant de plus en plus, il voulut qu'on la mariât, pour qu'elle eût un nom, & pût

pût être présentée. Le comte du Barry avoit un frere très-propre à jouer ce rôle avilissant ; il lui proposa d'épouser, & mademoiselle l'Angé ne fut plus connue que sous le nom de comtesse du Barry. Nous ne nous arrêterons pas à discuter si elle étoit fille légitime d'un commis de la province de Lorraine, ou d'un capucin des environs de Meaux en Brie, tout cela nous paroît assez éclairci dans les anecdotes sur cette beauté ; il suffit, pour la vérité de l'histoire, de dire que, née dans une condition obscure, vouée au libertinage dès sa plus tendre jeunesse, autant par goût que par état, elle ne put offrir à son auguste amant, malgré la fleur de la jeunesse & les brillans appas dont elle étoit encore pourvue, que les restes de la plus vile canaille, de la prostitution ; qu'il ne fût gueres possible qu'il l'ignorât, & qu'il en vint au point de crapule, & d'abandon de lui-même, de l'assimiler à sa famille, de forcer ses enfans à la voir, de l'asseoir presque sur le trône avec lui, de prodiguer le trésor public pour lui faire étaler un luxe de reine, de multiplier les impôts pour satisfaire les goûts puériles, & de faire dépendre le destin de ses sujets, des caprices de cette folle.

L'élévation de cette derniere, n'eut cependant pas lieu, sans occasionner bien des tracasseries à la cour; mais les contradictions ne servirent qu'à rendre la passion de Louis XV plus opiniâtre, seule occasion, peut-être, où se roidissant contre les difficultés, il ait témoigné une fermeté persévérante, dont il manquoit dans les affaires de la plus grande importance.

Le premier obstacle vint de la part d'une femme jalouse, non du cœur du Roi, mais de son sceptre qu'elle vouloit partager, c'étoit la duchesse de Grammont, sœur du duc de Choiseuil; altiere, impérieuse, avide du pouvoir à l'excès, elle avoit déjà tellement subjugué son frere, que ce ministre si fier, si absolu, s'en laissoit gouverner à son gré. Ne sachant à quoi attribuer ce singulier ascendant, la malignité des courtisans leur en avoit fait chercher le principe dans une intimité plus que fraternelle entre ces deux personnes, trop au-dessus des préjugés pour se laisser arrêter par ceux de religion ou d'honnêteté publique; quoiqu'il en soit, cette anecdote fort accréditée à la cour, où l'on croit tout parce qu'on se sent capable de tout, avoit été consignée d'une maniere très-adroite & très-ingénieuse dans les quatre vers suivans, relatifs aux principaux évenemens d'alors, l'expulsion des jésuites & la mort de la Pompadour.

Après avoir détruit l'autel de Ganymede ;
Vénus a quitté l'horiſon.
A tes malheurs encore ; France, il faut un remede,
Chaſſe Jupiter & Junon.

La ducheſſe de Grammont, de concert avec ſon frere, pour conſolider & perpétuer le pouvoir dans leur famille, avoit imaginé de devenir maîtreſſe du Roi. Quoiqu'elle ne fut ni jolie, ni jeune, la connoiſſance que tous deux avoient du paſſé & du caractere de ce prince, les autoriſoit à eſpérer le ſuccès du projet. L'exemple de madame de Mailly, n'ayant plus ni charmes, ni fraîcheur, qui avoit réuſſi cependant, graces à ſa hardieſſe & à ſon impudence, étoit un grand encouragement. Mais par le plus grand de tous les revers, la ducheſſe qui ſe regardoit comme victorieuſe, ſe vit expulſé par une nouvelle venue ; elle en fut d'autant plus furieuſe qu'elle ne tarda pas à être inſtruite qu'elle eſpece de femme lui étoit préférée : elle fit paſſer ſa rage dans le cœur de ſon frere, dont l'ame élevée le faiſoit répugner naturellement aux avances de ce parti, car les Dubarris, n'oſant lutter d'emblée contre ce miniſtre tout-puiſſant, chercherent d'abord à ſe le concilier. On aſſure même que la comteſſe lui fit des agaceries qui auroient pu aller plus loin s'il en eut voulu profiter ; sa hauteur envers eux, les progrès incroyables de la favorite dans le cœur du monarque, & les rivaux des Choiseuils qui se rangerent de leur côté, les pousserent à une guerre ouverte qui devoit aboutir à une disgrace, dont le duc, endormi par dix années de prospérité, se jugeoit bien éloigné. Ce fut donc moins dans cette crainte que pour satisfaire le ressentiment de sa sœur, qu'il résolut d'ouvrir les yeux de son maître sur l'infamie dont son choix l'alloit couvrir, non-directement, (il en connoissoit trop le danger), mais indirectement & par les voyes les plus détournées. Il mit d'abord en mouvement ses espions pour constater la filiation scandaleuses des aventures de la comtesse, il les fit consigner dans des vaudevilles, dans des nouvelles manuscrites, dans de petites historiettes dont on amusoit les cercles. La police à ses ordres, loin de jetter officieusement le voile sur les turpitudes du souverain, contribua la premiere à les divulguer par ces *ponts-neufs* qui amusent la populace de la capitale ; *ponts-neufs* allégoriques, il est vrai, mais dont chacun eut bientôt la clef ; on en imbut la cour, & l'histoire *de la Bourbonnaise* parvint jusqu'à mesdames, ce qui les rendit fort difficiles sur la présentation. Louis XV, qui connoissoit bien ſa ſotiſe, ne vouloit pas lui donner plus d'éclat en bruſquant l'évenement, avant d'avoir préparé les eſprits de la famille royale. Ce fut donc une négociation longue, qui tint la cour en ſuſpens durant quelques mois, & donna lieu aux paris pour ou contre. Les Choiſeuils excitoient ſous main les princeſſes à tenir ferme; &, cependant, redoubloient d'efforts pour éclairer ſa Majeſté, lui déſiller les yeux & la faire rougir de ſon goût. On prétend même que le Bel, enviſageant les ſuites que pouvoit avoir l'impoſture dont il avoit uſée en cette occaſion, envers ſon maître, en craignant ſon reſſentiment, eſſaya ſans ſuccès de le prévenir; qu'effrayé de l'inutilité de ſa démarche dont il auguroit une meilleure iſſue, dans ſon déſeſpoir il périt ſubitement d'une façon ſiniſtre, ſoit volontaire, ſoit forcée.

Quoiqu'il en ſoit, les agens, mis en œuvre ſous les auſpices de leur auguſte pere, ne purent déterminer meſdames qu'en leur faiſant craindre pour ſa ſanté, qu'altéroit le chagrin cauſé par leur contradiction. Elles ſe ren[illegible]irent à ce motif irréſiſtible. Ce fut une autre difficulté de trouver une femme qui ſe chargeât du cérémonial; on fut obligé de chercher une madame de Béarn, vieille plaideuſe, à qui l'on donna cent mille livres pour ſa peine, & pour tenir compagnie à la nouvelle présentée dans les commencemens, où aucune autre ne vouloit frayer avec elle. Le vent de la faveur ne tarda pas à lui amener une cour. Le roi soupoit tous les soirs chez sa maîtresse; elle invitoit; &, pour que les grands ne pussent s'y refuser, elle ajoutoit au bas de l'invitation : *Sa Majesté m'honorera de sa présence.* Quelques dames s'y firent insensiblement; la comtesse de l'Hôpital, madame de Valentinois, la maréchale de Mirepoix, donnerent l'exemple, & l'on vit le comte de la Marche, aujourd'hui le prince de Conti, grossir la foule de ses adorateurs. Le prince de Condé, ayant obtenu du roi la grace de le posséder à Chantilly, en témoigna sa reconnoissance à S. M., en y recevant la comtesse.

Le duc de Choiseuil commença à s'appercevoir qu'il n'avoit pas été assez politique à l'égard de la favorite; mais, trop aveuglé par le ressentiment de sa sœur, il s'étoit porté à un éclat dont il ne pouvoit plus revenir. Il courut les risques de l'orage qui se préparoit & l'envisageant avec fermeté, se disposa à lui tenir tête. Il vit son parti diminuer & les créatures, qu'il se croyoit les plus attachées, se tourner contre lui. Entre celles-là, la premiere à l'abandoner, fut celle qui lui avoit le plus d'obligations, qui l ui avoit voué le plus inviolable dévouement, le chancelier Maupeou [1], que lesmembres du parlement, qui connoissoient ce Caméléon, prédirent au duc de Choiseuil, en septembre 1768, qu'il se repentiroit de lui avoir accordé sa protection, & de l'avoir soustrait aux mercuriales. Il ne leva pas d'abord tout-à-fait le masque. Encore incertain de la tournure que prendroit la faveur des Dubarri, il se ménagea entre les deux partis; mais lorsque la présentation eut consolidé celui-ci, il s'y rangea tout entier : il poussa le rafinement de son adulation jusqu'à se trouver parent, & il n'appelloit la comtesse que *sa cousine*. La souplesse de son génie le faisoit s'asservir à toutes les extravagances de cette femme, sans pudeur, comme sans raison. Il se permettoit, pour lui plaire, de déroger à la dignité de sa place, de devenir son jouet & même celui de son negre, & il n'est sorte de métamorphose qu'il ne subit dans ce projet qu'il ne perdit pas de vue un seul instant. Malgré, cependant, tant de bassesses & d'avilissement, il ne put jamais obtenir qu'une confiance subalterne, dans cette cour où il

---

(1) On l'appelloit le Chancelier tout court : il y en avoit alors trois en France, M. de Blancmesnil M. de Malesherbes son fils, & Maupeou dont on parle.

avoit été devancé par un seigneur plus aimable, non moins rempli d'esprit, non moins fin, & en tout plus propre à réussir auprès des femmes, On veut parler du duc d'Aiguillon, qui dût à la favorite, non-seulement d'être nommé commandant des chevaux-légers, mais de voir punir de l'exil ses ennemis jurés, les procureurs-généraux du parlement de Bretagne, quoiqu'ils fussent déclarés innocens.

Sur ces entrefaites, survint l'événement du mariage du Dauphin, aujourd'hui Louis XVI, avec Marie-Antoinette d'Autriche-Lorraine, ménagé par le duc de Choiseuil, qui avoit, vraisemblablement, voulu faire le bonheur de la France (1). Quoiqu'il en soit, ce ministre, qui avoit dédaigné de s'étayer par de petites intrigues, crut tout pouvoir prétendre, ayant pour support la Dauphine même.

Il n'étoit gueres possible que les préparatifs, la pompe & les rejouissances de cet auguste hymen, malgré la détresse où se trouvoit le royaume n'entraînassent d'autant plus de dé-

(1) A-t-il réussi? Bien des personnes sages prétendent que non. Effectivement, si nous ne voulons plus nous aggrandir, qu'avons nous besoin d'une puissance qui ne peut nous aider en rien, si nous avions affaires aux Anglais & aux Hollandais?

pense;

pensé, qu'on avoit affaire à un maître prodigue, ne s'occupant que de lui, laissant tout aller comme on vouloit, & fermant volontairement les yeux sur les déprédations auxquelles ces frais extraordinaires donnoient lieu. Mais que les apprêts de ces prodigalités, que d'habiles calculateurs ont fait monter, tant à Paris qu'à Versailles & ailleurs, à plus de trente millions, contrastoient d'une façon criante avec les révoltes, occasionnées par la disette du pain, qui continuoit & augmentoit en même temps dans quelques provinces (1) !

Ce fut sous ces funestes auspices que la jeune dauphine arriva à Compiegne, où, conformément au cérémonial, cette princesse descendit de carosse, & se jetta aux genoux de Sa Majesté, qui la releva avec bonté, la trouva jolie (1), & l'embrassa ; le lendemain la famille

(1) Il y en eût à Besançon & à Tours. Dans cette derniere ville, elle fut telle qu'elle obligea l'intendant à s'enfuir par une porte de derriere, & que l'archevêque crut devoir venir en cour déployer la sollicitude pastorale. On comptoit dans la Marche & le Limosin plus de quatre mille personnes mortes de faim, & beaucoup plus auroient péri dans la première sans les charités de M. de Persan, maître des Requêtes, qui, seigneur d'une partie de la Province, fit passer de puissans secours à ses vassaux.

(2) Il est certain qu'elle étoit alors la femme de la

royale soupa à la Muette, où Louis XV ne rougit point de présenter lui-même la Dubarri à sa bru, & de la faire manger avec elle (1).

Le duc de Choiseuil, qui comptoit sur cette princesse, fut trompé lourdemenr dans son espoir : au lieu de ranimer son crédit, il ne fit que perdre de plus en plus, suite fatale des intrigues que Maupeou & d'Aiguillon concertoient journellement avec la comtesse, qui le détestoit & ne pouvoit lui pardonner ses mépris; celle-ci, à la vérité, plus franche que les deux autres, ne cachoit pas son anthipathie, mais ce qui la rendit plus dangereuse, c'est qu'elle y donnoit une tournure puérile, & folâtre fort agréable au monarque (2).

Cependant, qui le croiroit! celle qui fit le

---

cour la plus remarquable par sa figure sans apprêt, & par ses grâces naturelles. On pouvoit la dire belle de sa propre beauté; & par une singularité encore plus merveilleuse, elle fut long tems à l'extérieur la plus décente dans son maintien & dans son propos.

(1) La Dauphine jusques-là avoit ignoré le rôle de la Dubarri dont elle entendit depuis souvent parler à sa Cour.

(2) Quelquefois, elle prenoit une orange dans chacune de ses mains, & les lançoit alternativement en l'air, en s'écriant *saute Choiseuil, saute Praslin!* ce qui faisoit rire le roi comme un fol.

plus de mal au ministre fut la duchesse de Grammont. Au lieu de tenir ferme à Versailles, & de miner sourdement à la maniere des courtisans, elle ne pût renfermer sa rage, elle s'exila elle-même, sous prétexte de voyager. Elle fut aux eaux, & ayant passé par différentes villes de parlement, elle fournit matiere à une inculpation grave, odieuse, & plus propre que toute autre à irriter le roi, auquel on fit entendre qu'elle avoit eu des conférences avec eux & les avoit excités à la résistance, en les assurant de la protection de son frere.

Louis XV avoit fort à cœur de se voir débarrassé des tracasseries de ses parlemens; mais, peut-être, n'auroit-il jamais pris un parti violent contre le duc de Choiseuil, si, à ce grief, on n'en eut joint un autre, celui de chercher à allumer la guerre avec les Anglois, comme le moyen de se rendre nécessaire & de reprendre toute son influence. Cette accusation, assez vraisemblable, conforme au génie de ce ministre, suggérée par les circonstances, étoit cependant difficile à prouver, & le roi hésitoit toujours. En vain sa charmante maîtresse, dans ces orgies, où le prince, brûlant d'amour & la tête échauffée des vins exquis qu'elle lui versoit, se prêtoit à tous ses desirs, lui avoit fait déjà signer plusieurs fois le renvoi du duc de

Choiſeuil ; le matin, revenu à lui, il jettoit au feu cet arrêt de proſcription. Le chancelier eut recours aux moyens extrêmes qu'il méditoit depuis long-temps. Il fit porter au parlement un édit, contenant, dans ſon préambule, les inculpations les plus graves contre les magiſtrats ; enſorte qu'il ne pouvoit l'enregiſtrer ſans ſe déshonorer. Ses émiſſaires affecterent de réclamer contre. Lit de juſtice, tenu le 7 décembre en conſéquence, où, malgré leur arrêt, ils eurent la mortification de voir le duc d'Aiguillon ſiéger parmi les pairs. Proteſtations de leur part, repréſentations, ſuſpenſion du ſervice dans leur douleur profonde, qui ne leur laiſſe point l'eſprit aſſez libre pour décider des biens, de la vie & de l'honneur des ſujets. Enfin commença ce combat étrange, dans lequel le roi s'obſtina à ne pas écouter le parlement qu'il n'eut repris ſes fonctions, & celui-ci à ne pas les reprendre que le prince ne l'eut écouté.

Depuis quinze jours duroit le ſpectacle inoui en France d'un monarque, s'annonçant comme abſolu, exigeant que ſa volonté fit loi, & d'un corps de magiſtrats réſiſtant quatre fois à ſes ordres, donnés ſoit par écrit de ſa main royale, ſoit de ſa bouche, ſoit par des lettres de juſſion les plus préciſes, ſans que, pendant cet eſpace de temps, le prince eut déployé la puissance despotique qu'il s'arrogeoit (1), qu'il déclaroit résider dans son essence. Paris étoit dans l'attente, & cet événement faisoit la matiere de la discussion de tous les politiques & des diverses classes des citoyens. Les grands, les militaires, qui sont toujours pour que les rois fassent tout ce qu'ils veulent, dans l'espoir de jouir a leur tour du droit du plus fort, blâmoient hautement le parlement & le traitoient de séditieux; le clergé, ennemi juré d'un corps qui s'étoit constamment opposé à ses prétentions sans cesse renaissantes, dévouoit, par charité, la magistrature aux derniers supplices; le peuple, accablé d'impôt, mangeant le pain fort cher, par la faute de ceux qu'il s'étoit jusques-là accoutumé à regarder comme ses peres, ses défenseurs, voyoit la querelle assez indifféremment; les philosophes seuls, les vrais Français, un peu plus profonds raisonneurs, saisissant les conséquences intermédiaires de la

(1) Il est bien singulier qu'à cette époque, il ne se soit pas trouvé un seul homme assez instruit ou assez hardi pour prouver hautement, que les Rois ne sont puissans, qu'autant que nous avons la foiblesse de les craindre, & qu'à la rigueur on pourroit se passer d'eux comme en Suisse!

chute du parlement, gémissoient de lui voir enlever une autorité qu'il n'avoit exercée que pour lui-même; mais que, dans un moment d'enthousiasme, il pouvoit utilement employer pour la patrie, au lieu qu'en tombant, il alloit faciliter l'établissement du despotisme le plus formidable. Dans cette crise violente, les magistrats qui, chaque nuit, s'attendoient à se voir enlever, étoient sans cesse surpris de se trouver encore libres chaque matin; mais le moment n'étoit pas encore a rrivé : il en résult seulement ce que désiroit la cabale conjurée contre Choiseuil. Soufflée par le chancelier & d'Aiguillon, la Dubarry disoit au roi, autant de fois qu'excédé de cette lutte pénible, il versoit dans son sein sa douleur & ses perplexités, que rien ne finiroit, tant que le parlement se sentiroit, secrettement, appuyé à la cour par un ministre qu'il regardoit comme capable d'arrêter les coups qu'on voudroit lui porter, comme plus puissant que Sa Majesté, même tant qu'il existeroit une correspondance entr'eux. Il n'en fallut pas d'avantage pour décider le roi à expulser Choiseuil. Le duc de la Vrilliere, nouvelle dignité qu'avoit acquise le comte de Saint-Florentin, pour ses *bons & loyaux services en Bretagne*, vint lui porter la fatale lettre de cachet.

Depuis cette époque le chancelier, étroitement lié avec d'Aiguillon & la favorite, qui, dans les soupers qu'elle donnoit à son auguste amant, se chargeoit ordinairement de faire signer les divers ordres dont on avoit besoin, & auxquels son ame débonnaire ou pusillanime se fut peut-être refusée s'il eût été de sang froid; le chancelier, dis-je, en proportionnant ses moyens aux lieux, aux circonstances, aux personnes, parvint à s'arroger la portion la plus dangereuse du pouvoir souverain. Aussi vit-on bientôt une foule de lettres de cachet se décerner; les prisons s'ouvrir; les militaires, les commandans de province marcher à sa volonté; & l'on peut dire que, si le sang ne coula point sur les échaffauts, c'est qu'il ne se trouva aucun homme assez ferme pour mériter d'y monter en défendant les droits de la patrie.

Mais il résulta de la destruction (1) des parlemens & de leur nouvelle construction (2),

(1) Louis XV sentit, pour la premiere fois, la douceur d'être le maître, de faire toutes ses vonlontés sans opposition, sans réclamations, sans remontrances; de ne plus enfin se voir obsédé de robes rouges ou noires qui, depuis 50 ans, le fatiguoient sans interruption

(2) Maupeou fit, plus que n'avoit jamais osé se premettre le Régent, qui convenoit avoir le pouvoir

un avantage encore bien plus précieux pour la favorite, pour ses favoris & pour tous ces courtisans voraces qui, plus que jamais, assailloient le trône. Ce fut de faire enregistrer tous les édits bursaux que put enfanter le génie fiscal, de les accroître & les étendre à volonté. Maupeou, dans son opération, avoit obéré le fisc public de quatorze ou quinze millions, dont il avoit disposé pour séduire & corrompre, sur-tout pour payer cette armée de délateurs & d'espions qu'il avoit à ses gages. Il avoit chargé l'état d'environ cent millions de remboursemens à faire; il falloit subvenir à cet accroissement de dépense; il falloit soudoyer tous ces suppôts affamés, dont il avoit composé ses tribunaux d'institution nouvelle. Pour rendre la justice gratuite, on força les tailles dans toutes les Provinces, qui achetèrent ainsi fort cherement ce prétendu bienfait. On mit un dixieme sur les rentes perpétuelles, un quinxieme sur les viagères : on doubla, tripla,

de faire taire les avocats, mais non celui de les faire parler : ses nouveaux tribunaux, malgré tous les pamphlets qu'on fit courir, se trouvèrent bientôt garnis d'un barreau considérable, d'orateurs divers & de causes curieuses & intéressantes, qui attirèrent un auditoire aussi nombreux qu'aux jours les plus brillans de l'ancienne magistrature.

quadrupla,

quadrupla le marc d'or; on créa un centieme denier sur les offres; on fit payer une seconde fois la noblesse à ceux qui l'avoient acquise; on étendit les sols pour livres jusqu'à huit après dix ans de paix, on prorogea indéfiniment le premier vingtieme & pour dix ans le second, tous deux sur nouvelles déclarations; ce qui ouvroit un libre cours aux vexations des préposés, véxations du moins que le parlement avoit arrêtées jusques-là par ses enregistremens, & qui faisoient équivaloir ces deux vingtiémes à trois & peut-être à quatre. Enfin il suffisoit qu'on proposat au ministre des finances quelque moyen de pressurer la nation, pour qu'il fut adopté. On porta dans un jour jusqu'à onze édits bursaux au palais; ce qui fit dire, à juste titre, dans un écrit du tems, que Louis XV avoit mis à lui seul plus d'impôts que ses soixantes-cinq prédécesseurs ensemble.

Il n'y avoit plus rien de sacré, non-seulement toutes les propriétés particulieres étoient attaquées, mais on pilloit impunément les dépôts publics. Les capitulations des provinces étoient violées. La normandie réduite à deux conseils supérieurs, s'étoit vu ravir, sans aucune commotion, le droit qu'elle avoit de posséder un parlement dans la province. On menaçoit les états de Bretagne de les supprimer, s'ils ne se rendoient pas dociles aux volontés de la cour, & ils devenoient souples; la liberté des citoyens n'étoit pas respectée d'avantage : près de 700 magistrats exilés, les prisons regorgeant de captifs, les princes du sang disgraciés & tenus loin de la cour, parce que, bien différens alors de ce qu'on les a vus depuis, ils avoient eu l'honnêteté de défendre les intérêts du pauvre peuple ; tel étoit l'état du royaume, que l'insensibilité générale rendoit plus désespéré en ne laissant entrevoir aucun remede. Sans doute la France s'étoit trouvée dans des crises infiniment plus cruelles, mais jamais dans cette létargie profonde & stupide. Nulle énergie dans les individus, tous les corps étoient réduits au silence. La noblesse d'une province frontiere s'étant avisée de vouloir écouter l'élan de la patrie, un commissaire, assisté d'un exempt de police, avoit eu la hardiesse de séparer les membres de leur assemblée, d'en enlever plusieurs & ils étoient revenus sains & saufs à Paris avec leurs victimes. Les chefs de la nation se laissoient braver impunement par l'auteur de la révolution ; & l'on voyoit le premier prince du sang insulté jusques dans son palais par un ministre qui n'en étoit sorti que plus audacieux & plus impudent. On s'en tenoit à des écrits, à des pamphlets remplit d'excellentes choses, mais qui, n'étant avoués ni signés de personne, ne portoient aucune authenticité, & à l'exception de deux, signés du comte de Lauraguais & du vicomte d'Aubusson, encore l'un fût-il composé en Hollande, tous annonçoient plutôt l'effroi que tout autre sentiment.

Mais il ne suffit pas au chancelier d'avoir arrêté toutes les réclamations, étouffé jusqu'aux gémissemens & aux soupirs, d'endormir la nation sur le bord du précipice, il fallut aussi que le Roi ne fut circonvenu que de gens qui le retinssent dans la funeste sécurité où il l'avoit mis, qui calmassent ses anxiétés & ses remords toujours prêts à renaître. La favorite se chargea de ce soin important. &, profitant de l'empire qu'elle avoit pris sur son amant, empire si étonnant que nulles de celles qui l'avoient précédée, n'en avoir jamais obtenu un pareil; elle s'empara si bien de son esprit que le sceptre de Louis XV, jusques-là tour-à-tour le jouet de l'amour, de l'ambition & de l'avarice, devint entre les mains de la comtesse, la marotte de la folie. En effet, quoi de plus extravagant que les sçênes privées entre les deux amants, toujours trop publiques, puisque des témoins indiscrets les reveloient! En entendant raconter cette foule d'anecdotes dont Paris égayoit ses soupers, on croyoit, sous un costume différent, voir reproduire les délices de l'empire de Caligula. Une fois, c'étoit madame Dubarry qui, en présence du Roi & d'un notaire, le Pot d'Autueil, sortoit nue de son lit, se faisant donner une de ses pantoufles par le nonce du Pape & la seconde par le grand aumonier, & les deux prélats s'estimans trop dédommagés de ce vil & ridicule emploi en jettant un coup d'œil fugitif sur les charmes secrets d'une pareille beauté. Une autre fois, c'étoit la jeune marquise de Roses, dame pour accompagner madame la comtesse de Provence, fouettée par les femmes de chambre de sa favorite sous ses yeux, sous prétexte que le Roi, s'excusant sur la jeunesse à l'égard de quelque manquement envers elle, avoit dit en riant » *bon, c'est un enfant propre à « recevoir le fouet* » ; & ces deux folles s'embrassoit ensuite & se lioit plus étroitement que jamais. C'étoit par une adulation plus méprisable, que le duc de Tresmes, ne trouvant pas la favorite chez elle, écrivant à sa porte : « « *le sapajou de madame la comtesse du Barri est « venu pour lui rendre ses hommages & la faire » rire* » ; parce qu'elle s'amusoit de la bosse de ce seigneur & qu'il s'estimoit trop fortuné d'en être le joujou. C'étoit le gros bourgeois de Boynes, ministre de marine, accordant la croix de saint-Louis, à un commissaire de son département, en reconnoissance d'une Perruche dont il avoit fait présent à la comtesse. Que comique indécence encore de la voir, frappant sur le ventre du duc d'Orléans, qui venoit la solliciter d'engager le Roi à reconnoître madame Montesson, & lui dire : *gros pere, épousez-la-toujours ; nous verrons à faire mieux en suite, vous sentez que j'y suis fortement intéressée* (1).

Rien n'égaloit sans doute l'abjection de Louis XV qui, partageant ses faveurs avec son négrillon Zamore, le créoit, pour lui plaire, gouverneur du château de Lucienne, aux appointemens de 600 liv. & lui en faisoit sceller les provisions par le chancellier, qui, se laissant assimiler par sa maîtresse à ses valets, en avoit reçu le surnom de *la France*, (2) & s'en égayoit dans ses petits cabinets, où il aimoit à faire lui-même son déjeuner. C'étoit cette même femme si dévergondée, si grossiere, si dégoûtante dans son intérieur, qui donnoit

(1) Comme si elle n'eût pas désespéré de marcher un jou sur les traces de madame de Maintenon.

(2) Qui dans le royaume n'a pas sçu ce propos de la Dubarry dans son lit pendant que le Roi, préparant son caffé, étoit distrait de quelqu'autre objet : » *Eh, Eh! prend donc garde, la France, ton caffé* » *F... le camp* «.

audience aux ambassadeurs, & qui se voyoit entourée des députés des confédérés, de ceux de toutes les petites principautés d'Allemagne, tremblantes pour leur destin, lors du partage de la Pologne, & sollicitant sa protection auprès du Roi, pour leur soutien; c'étoit cette même femme, que Louis XV. promenoit en triomphe au déceintrement du pont de Neuilly, fête dont les princesses & la dauphine même avoient été exclues, pour que rien ne pût l'éclipser. C'étoit cette même femme, qui lui faisoit trouver mauvais, que l'héritier présomptif du trône l'eût écartée de la société de sa compagne dans un souper de raccommodement. C'étoit cette même femme pour qui l'on travailloit une toilette d'or, quoique la reine n'en eût jamais eue. On remarquoit, surtout, le miroir surmonté de deux petits amours, tenans une couronne suspendue sur sa tète toutes les fois qu'elle s'y regardoit, allégorie de celle où l'on la destinoit un jour. C'étoit cette même femme qui, ne se trouvant pas assez bien logée au palais d'une princesse du sang, avoit fait bâtir le nouveau pavillon de Lucienne, colifichet dont on ne pouvoit calculer la dépense, parce que tout y étoit de fantaisie & n'avoit d'autre prix que la cupidité de l'artiste, & la folie du propriétaire. C'étoit cette femme enfin qui, sur des chiffons signés de sa main, puisoit à son gré au fisc public, elle & tous les siens; qui coûtoit plus à elle seule que toutes les maîtresses que Louis XV avoit eues jusques là, & malgré la misere des peuples & les calamités publiques, alloit tellement croissant en prodigalités & en déprédations, qu'elle eût en peu d'années englouti le royaume, si la mort de Louis XV n'y eût heureusement mis un terme.

Ce monarque, depuis le mariage du comte d'Artois, étoit devenu plus triste que de coutume, il sentoit ses forces s'affoiblir. Divers avertissemens de la nature lui annonçoient qu'il n'étoit plus propre aux plaisirs de l'amour; lui même avoit dit à son chirurgien : » *je vois bien* « *qu'il faut que j'enraye*; » sur quoi celui ci lui avoit répondu avec franchise & du même ton : « Sire, *vous feriez bien de dételer tout-à* » *fait.* » La mort subite du marquis de Chauvelin, l'un de ses favoris, jouissant d'une santé florissante, compagnon de toutes les parties de débauche, & tombé dans l'une sous ses yeux, l'avoit douloureusement frappé; il y songeoit sans cesse. Celle du maréchal d'Armentieres, à-peu-près semblable & presque de l'âge du monarque, avoit augmenté sa mélancolie. Enfin, un sermon prêché devant lui le jeudi-saint, avoit fait entrer le remord dans son cœur. Eh!

qu'el prince n'auroit pas été sensible à l'éloquence de l'évêque de Senez, assez hardi pour lui rappeller l'époque de Metz, ne lui pas dissimuler que le peuple bien différent, ne le voyoit plus du même œil, attendoit même sa fin avec empressement ?

Depuis ce tems, il avoit redoublé ses visites à madame Louise, & l'on savoit que cette princesse employoit tous ses soins pour le ramener à Dieu. Les courtisans pervers craignirent que la même foiblesse qui le rendoit leur esclave, ne le rendit celui des prêtres, & il fut en conséquence, dans un comité tenu chez la favorite, décidé qu'il falloit tirer Sa Majesté de cet état par quelque orgie vive, capable de le distraire & de lui rappeller le goût du plaisir. On l'engagea donc à ordonner un voyage à Trianon, où l'on fit trouver un jeune objet armé de tous les charmes de la séduction, (1) mais par une suite de cette fatalité aveugle qui se joue des vains projets des hommes & confond souvent la plus haute sagesse, les efforts même de ces

(1) Madame Dubarry, depuis quelque tems, imitoit madame de Pompadour, & pour se reposer autant que pour exciter son amant blessé, lui procuroit sans cesse de nouvelles jouissances.

corrupteurs,

corrupteurs, pour perpétuer leur empire, tournèrent contr'eux & la France fut sauvée.

La beauté novice, mise dans le lit du Roi, receloit déjà dans son sein le germe de la petite vérole qui commençoit à se développer, & la rendit insensible, indocile même aux embrassemens du monarque. Cependant on avoit aidé le physique de Sa Majesté par les divers secours que l'art a imaginés pour rendre la lubricité plus active, ensorte que, tandis qu'il pompoit en tous sens les miasmes pestilentiels de cette cruelle maladie, il s'ôtoit d'autant, par ses efforts, la vigueur nécessaire pour la soutenir; il s'alita le lendemain & le premier projet des conseillers de la favorite fut de retenir Sa Majesté à Trianon & de la circonvenir; mais la faculté, à la tête de laquelle étoit le docteur Bordeu, médecin de la comtesse, décida autrement, & le malade fut ramené en robe de chambre à Versailles. On ne tarda pas à savoir que Louis XV avoit la petite vérole, & la nouvelle en fut portée promptement aux extrémités du royaume; le grand nombre s'en réjouit, d'autres envisagèrent son successeur qui n'avoit pas vingt-ans & tremblèrent. Avoient-ils tort?

Dès le commencement de la maladie on parla de faire administrer le roi; mais Bordeu, sachant combien cet événement pouvoit être funeste à sa maîtresse, le retarda le plus qu'il put ; il assura qu'il ne voyoit pas encore de danger évident, & que cette annonce tuoit les trois quarts des malades. Madame Dubarry profita de ce répit pour être sans cesse au chevet de son amant, qui, ignorant son état, & luxurieux jusques dans son lit de mort, lui faisoit passer ses mains blanches & délicates sur ses boutons purulens, la carressoit, baisoit sa gorge, & se livroit aux autres impudicités que lui permettoit sa foiblesse.

Cette conduite dura jusqu'au cinquieme jour. A cette époque le sieur de la Martiniere, toujours véridique, lui ayant avoué qu'il avoit la petite vérole, le monarque se frappa, & dit dans la nuit à ceux qui l'entouroient « : *Je n'ai » pas envie qu'on me fasse renouveller ici la scene » de Metz ; qu'on dise à madame la duchesse » d'Aiguillon qu'elle me fera plaisir d'emmener » madame Dubarry* ». Après cette douloureuse séparation, les prêtres n'eurent pas de peine à réussir pour le reste ; Louis XV fut administré le surlendemain par la Roche-Aymon, le grand aumônier, un des plus ignorans prélats du royaume, & qui savoit mieux aduler que raisonner ; & trois jours après, le 10 mai, il mourut à trois heures vingt minutes. A l'instant toute la cour se transporta à Choisy ; il ne resta auprès du cadavre que ceux nécessaires au service : il n'y eut rien de plus pressé que de l'enlever du château, &, faute de trouver des gens de l'art assez intrépides pour remplir les formalités d'usage, il fut, au bout de deux fois vingt-quatre heures, transféré à Saint-Denis, avec une suite de quarante gardes du corps & de quelques pages à cheval portant des flambeaux. Le cercueil étoit dans un carosse de chasse & passoit à travers l'ouverture du devant ; son escorte fit courir le mort du même train qu'il les avoit menés si souvent durant sa vie. Enfin on jugera du regret que laissa son trépas par un bon mot qu'on attribua à un religieux de Sainte-Genevieve. Quelqu'un le plaisantant sur le peu de vertu que venoit d'avoir la découverte de la châsse si efficace autrefois : « Eh » bien, Messieurs, de quoi vous plaignez-» vous ? Est-ce qu'il n'est pas mort ? ». Le jour ou le lendemain de la mort de Louis XV, le nouveau roi, qui avoit toujours eu une espece d'horreur pour la Dubarry, lui fit expédier une lettre de cachet qui la releguoit à l'abbaye de Pont-aux-Dames, où, cependant, malgré son sarcasme (2) en la recevant, elle ne resta que

(1) *Beau F.... tu règne, s'écria-t'elle, que celui qui débute par des lettres de cachet !* »

le temps néceſſaire pour convaincre qu'elle n'avoit pas les ſecrets de l'état.

INTENDANS.

Un favori de Louis XVI, qui lui faiſoit part du chagrin qu'il reſſentoit de ne pouvoir rendre ſes peuples heureux, lui diſoit un jour : « Sire, » vous n'avez de reſſource qu'en choiſiſſant un » chancelier ou un garde des ſceaux, hommes » de génie & d'activité, car ce ſont eux qui » font le bien ou le mal par la maniere dont ils » compoſent les tribunaux. ----- *Soit, mais* » *comment connoître à fond les ſujets avant que* » *de leur permettre d'acquérir ?* ---- C'eſt d'an- » noncer que dorénavant, lorſqu'un homme » aura du talent & de la probité, fut-il même » ſans naiſſance, on lui donnera une charge s'il » n'a point le moyen de s'en revêtir, & ſur- » tout que les maîtres des requêtes, qui caſſent » les arrêts de la grande chambre, auront plus » de dix-huit ans avant d'entrer au conſeil. » --- *Comment, dix-huit ans ?* --- La décla- » ration de 1683 en exigeoit trente, dont » ſix d'exercice dans un tribunal ſouverain. » --- *Huë de Miromeſnil....* --- Il fait comme » ſes prédéceſſeurs, il les reçoit à tout âge & » ſans exercice. ---- *Je ſais que Feullon &*

» *le jeune Amelot n'ont jamais été qu'au châtelet, qui n'est rien moins que composé comme il pourroit l'être; mais Caze?* --- A fait six mois de cour des aides à Montpellier, & sans sa mere qui a couché avec le couperosé Montbarrey, &c. &c. ---- *Soit, mais.......* --- Ah! Sire, c'est bien peu de chose qu'un intendant qui se laisse pelotter dans le foyer de la comédie italienne par Dugazon, dont il lutinoit la femme! --- *C'est-à-dire, à vous entendre, que je n'ai gueres d'intendans capables d'administrer?* ---- Je prouverai à Votre Majesté, quand elle le jugera à propos, que presque tous ont l'esprit tortu, ou une inapplication, une légereté, une présomption, une insolence, des idées gauches, pires qu'une nullité absolue; d'ailleurs, le moyen que cela ne soit pas lorsqu'on voit recevoir des enfans de traitans, de maçons, de trésoriers? -- *Je conviens que j'ai consenti, à la vérité malgré moi, à la nomination de Douet de la Boullaye à Auch, qui vivoit avec la Pélin, étoit le jouet de la Guimare, & ne sait pas lire; à celle de Meulan d'Ablois, beau-frere de Sartine, & que toute la Rochelle regarde comme un véritable brute; & à celles de Dupré de Saint-Maur, absolument incapable de manier un parlement aussi dif-*

» *ficile que celui de Bordeaux ; & de Dufour,*
» *que Necker à envoyé à Bourges...* --- Dufour?
» est un mangeur d'images, un franc hypo-
» crite ! --- *Il est vrai qu'on m'a assuré qu'il*
» *disoit un peu trop souvent l'office de la Vierge*
» *& les petites heures...* --- De Brou, qui est
» à Dijon, n'a été que six mois au conseil;
» d'ailleurs, Richissime, beau-fils & petit-fils
» d'un garde des sceaux par interim, il mé-
» prise & sa place & l'état. -- *La Galaiziere à*
» *Strasbourg*? -- Ah! Sire, ne me parlez point
» de ce présomptueux! Choiseuil, dont il étoit
» la créature, l'avoit désigné en 1767 con-
» trôleur-général : heureusement, pour la
» France, nous en avons été quittes pour la
» peur.... -- *Depont à Metz?* -- C'est un im-
» bécile, dont le seul mérite est d'avoir une
» femme qui joue sur le théatre de madame de
» Montesson. --- *La Porte?* -- Plane à Nancy
» par la protection & le secours du maré-
» chal du Muy! -- *Il est jeune, j'en conviens;*
» *mais Stainville & madame de Coislin le for-*
» *meront. Que dites-vous de l'élégant Calonne*
» *à Lille?* -- Il enrage de ne pas être ministre
» des finances. -- *Il est trop fripon & trop pro-*
» *digue; il me forceroit à convoquer les états-*
» *géneraux; & Dieu seul peut savoir ce que*
» *deviendroient mon autorité absolue, les ri-*

« *chesses du clergé & les privilèges de la noblesse,*
» *si par hasard le peuple, lassé des fers qui*
» *l'écrasent depuis long-temps, s'avisoit d'a-*
» *néantir les prisons d'état, de demander une*
» *constitution, d'exiger l'égalité des contribu-*
» *tions, de vouloir que mes ministres soient*
» *responsables de leur administration, d'abolir*
» *toutes les pensions énormes du livre rouge,*
» *de réduire celles des grands, d'empêcher la*
» *réunion des bénéfices sur une seule tête, de*
» *modérer le nombre des maisons religieuses de*
» *l'un & de l'autre sexe, de se créer en assemblée*
» *nationale, d'arborer une cocarde particu-*
» *liere, & de former une armée assez nombreuse*
» *pour écraser ma maison militaire, même toutes*
» *mes troupes de ligne, qui sont si utiles lorsque*
» *j'ai besoin d'elles pour le soutien de mes droits,*
» *quel que soit le nom que je veuille leur donner!..*
» *Mais que direz-vous de Senac?* -- Il est ai-
» mable, il a de l'esprit... -- *Oui, mais encore*
» *plus d'ambition!* — Daignez donc, Sire, en
» ce cas, ajouter qu'il aime son plaisir, & qu'il
» préférera une jolie épigramme, qu'il aura faite
» pour madame de Tessé, à tous les intérêts
» présens & futurs de l'intendance de Valen-
» ciennes? -- *Je ne connois pas trop Esmangard?*
» — Il est fils d'un valet de chambre du palais
» royal. Voué à Maupeou pour décomposer

« durement le parlement de Bordeaux, on l'a
» chassé ignominieusement de cette ville en
» 1774, parce qu'il s'arrogeoit des droits qui
» ne lui appartenoient pas, & qu'on étoit trop
» piqué de son arrogance. — *Sa mere Esman-*
» *gard est pourtant la favorite de madame de*
» *Chartres qui la protege à tort & à travers?*
» — A la bonne heure; mais s'il n'a rien fait
» dans sa premiere intendance pendant quatre
» ans, que peut-il faire à Caen? — *Eh! de*
» *Crosne à Rouen?* — C'est un bredouilleur,
» plat & ennuyeux personnage, qui a fait
» sa réputation, par le rapport de l'infortuné
» Calas, dont le chargea Choiseuil. — *J'ai*
» *pourtant des vues sur lui?* — Il pourra se
« soutenir à la police de la capitale, tant que
« la multitude ne formera point d'insurrection,
« & qu'elle aura du pain, de la viande & du
» bois en abondance, & à meilleur compte
« qu'ils ne sont présentement; mais je doute
« fort qu'il acquiert jamais assez pour devenir
« ministre, quoiqu'il ait épousé la fille de la
« Michaudiere, & qu'il soit abhorré du par-
« lement de Rouen où il est conspué... — *Eh!*
« *l'ami Julien, ancien chef du conseil du comte*
« *d'Eu, & beau-frere de Vomot, à qui je n'ai*
« *donné Alençon que parce qu'il a fallu faire*
« *le chemin du Château du Bourg....?* — C'est
une

« une mâchoire terrible, il n'a jamais rapporté « au conseil, chose peu surprenante, puisqu'on « l'a fait maître des requêtes après qu'il a été « intendant ! — *La Bove?* — Est un enfant pour « la Bretagne, qui demanderoit un des hommes « les plus forts dans toutes les parties. — *Mu-* « *tigney à Amiens?* — Est le plus pauvre « individu qui ait jamais obtenu la belle pro- « vince de Picardie. — *C'est un protegé de* « *Duras?* — Soit ; mais quand il seroit même « réellement parent de d'Aguesseau, doyen « du conseil, il n'en est pas moins incapable ! « — *Pelletier de Morfontaine?* — C'est un sol ; « inutile de s'y arrêter. — *D'Orfeuil à Châlons?* « — Seroit beaucoup plus propre à manger du « foin que ses chevaux, qui ont au moins un « certain instinct ; cependant la Champagne « ne seroit pas indifférente entre les mains « d'un homme de mérite ; mais un Rouillé « d'Orfeuil, parent du ministre, se croit, « pour cela seul, né avec des talens. — *La* « *Corée?* — Est une buze, qui ne mérite pas « la Franche - Comté, qui est une province « presque abandonnée depuis l'époque où « Serilly, génie supérieur, la quitta en 1759, « pour aller à l'intendance de Strasbourg, y « faire périr de chagrin le malheureux prêteur « Klinglin, que Machault abhorroit. — *Quant*

« *à Montauban, je sais que le neveu de Terrai,* « *placé à vingt ans, par égard pour son oncle,* « *ignore complettement toutes choses.* --- *De* « Gourgues, son prédécesseur, ne valoit gueres « mieux! -- *Eh! le cher Flesselles?* -- Voué, « corps & biens, à d'Aiguillon, sans autre res- « source qu'en ce dernier, & de plus, Taré, « par l'affaire de la Chalotais, il n'a songé, à « Lyon, à faire oublier ses trigauderies que « par un faste excessif, marche absolument « contraire à celle qu'il eut dû tenir dans une « ville de pure manufacture, où il faudroit « donner l'exemple de la plus sévere économie. « -- *Il desire l'épineuse place de prévôt des* « *marchands de Paris?* -- Tant pis; car je « crains fort que le peuple ne s'exalte tôt ou « tard, & ne lui fasse payer cher le mépris « qu'il a pour lui! -- *Eh! Marcheval à Gre-* » *noble, qui a eu le talent de se faire détester* « *du parlement?* -- Sujet mince, infatué de sa « parenté par sa mere, qui n'est pourtant issue « que d'un marchand de drap. -- *Ils ont ce-* « *pendant autant de fierté que s'ils étoient Rohan* « *ou Montmorenci?* -- Aussi se font-ils hau- « tement tourner en ridicule, & par-là le « Dauphiné, grande, belle, vaste province, « est négligée depuis plus de trente ans, « parce que la Porte, pere, ne valoit pas plus

« que Pajot & Berthier de Sauvigny. — *La*
« *Tour de Glenée....?* — Il est conduit par sa
« femme, sœur de d'Aligre; — *Je la connois*,
« *elle a infiniment d'esprit. Quant à Raymond*
« *de saint-Sauveur...?* -- Ah Sire! c'est un des
« des plus grands coquins qu'il y ait jamais
« eus à Perpignan. Lieutenant-général de la
« table de marbre, il commença par tromper
« son beau pere Américain, en insérant dans
« dans la procuration qu'il étoit... -- *lieu-*
« *tenant général de mes armées?* -- Précisé-
« ment. -- *Ah, le scélérat!* -- Il ne tarda pas à
« en être puni, heureusement.-- *Puni! je ne vois*
« *pas trop cela, car enfin un écrouelleux, une*
« *figure de crucifix qui épouse une femme char-*
« *mante...?* -- Soit, mais vôtre majesté
» compte t'-elle pour rien certaine incom-
« modité, que l'on nomme à la cour, & parmi
« le monde comme il faut, *rhume ecclésiastique*
« qui fut la source de tant de débats, de tant
« de plaidoyers, de sa séparation de biens
« enfin au conseil où il s'étoit fait maître des
« Requêtes? *Non, mais il y a toujours gagné*
« *beaucoup, puisque Terrai lui a procuré un bon*
« *traitement dans cette ffaire; D'ailleurs il faut*
« *qu'il ait des talens puisque Thierri a fait*
« *forcer la main à Montbarrei* en 1778? Sont-
« ce, Sire, ceux qu'il a témoignés lorsqu'il est

« devenu écconomiste forcéné sous Turgot & « son plus cruel antagoniste sous Necker, ce « ce calculateur si habile quand il ne faut « qu'emprunter ? -- *Vous direz ce que vous « voudrez, mais il passe pour laborieux, intel- « ligent, plein de vues ?* -- Il est vrai, mais « il est aussi très-peu de roués de cette es- « pèce! --Eh! Daine, à Limoges ? - Excellent « sujet, honnête homme, ami intime de Saint- « Priest; mais lourd & d'un travail difficile. « Rempli de bons principes d'administration, « il sera bon conseiller d'état; il ne lui manque « que de s'occuper de l'industrie, du com- « merce, des arts & des manufactures, parties « essentielles d'un Intendant. -- *Eh Bloissac, « à Poitiers ?* -- Vieux routinier, vieux prin- « cipes, vieilles idées. -- *Ducluzel, à Tours ?* « -- Fort riche, & fort dissipé; d'ailleurs sécre- « taire de Choiseuil. -- *Cypierre, à Orléans*, « Vraie machoire. -- *Gueau, à Moulins ?* -- A « hérité du nom de son pere, célebre avôcat, « mais non de son mérite. Vermisseau né du « cul du bas palais, cet Intendant est encroûté « des antiques vétilles des formes, & se croit plus « noble qu'Adam parce que son cousin Laverdy « l'a porté à tout pendant qu'il étoit en place « que le gros bourgeois de Boynes, pour faire « sa cour à ce ministre, l'a fait son confident

« que Marville l'a chargé du contentieux des « économats ; & que l'intriguant évêque d'Au- « xerre s'en est servi, par le canal de madame, « auprès de M. de Maurepas pour terminer « son affaire des *colleges* en Novembre 1776, « époque où Cicé, qui ira loin s'il vit, méri- « toit d'être décreté & alloit l'être par le par- « lement de Paris. Guéau est insolent à Mou- « lins comme il l'étoit dans la capitale, inac- « cessible & dur aux pauvres gens comme il « l'étoit, à Reverseaux, à ses vassaux contre les- « quels il a plaidé & perdu. Ce n'est pas néan- « moins que cet intendant soit sans talens, au- « contraire, il a celui du contentieux; habile « paperasseur, il falloit le laisser au parlement, « où il auroit brillé dans la rue regratiere, île « saint-Louis, après avoir jugé dans les replis « tortueux du palais : mais faire de cette figure « de singe un administrateur & le préférer à « ses anciens parce que Cicé l'a prôné pour « ses intérêts, à l'épouse du premier ministre, « c'est une horreur. Il en est de même de « Chazerot, parent de d'Ormesson, qui, de « premier président de la cour des aides de « Clermont, fut appelé pour administrer la « province dans laquelle il n'avoit toute sa vie « été que simple jugeur, impossibilité physique « donc qu'il fasse le bien en Auvergne. Il est

« inutile de finir par Berthier, intendant de « Paris & surintendant de la maison de la reine; « il est trop près du soleil, trop favorablement « traité, pour qu'on ne le connoisse point ca- « pable de tout. — *Son renvoi, malgré son « entier dévouement à la cour, avoit pourtant « été demandé en 1776 par Turgot, lorsque « ce dernier fut remercié?* — C'eut peut-être « été un bonheur, car je redoute pour lui la « sottise qu'il a faite en s'alliant avec Foulon. « — *Foulon? Ah! ne me parlez pas d'un scé- « lérat qui a eu l'ame assez noire pour dire à « des malheureux qui se plaignoient de la cherté « & de la rareté des comestibles; « mangez du « foin, canailles, c'est encore trop bon pour vous.* » « — Ainsi voyez, Sire, ce que vous avez à « espérer d'une administration aussi mal mon- « tée, si vous ne faites pas un effort sur vous « même pour amener les parlemens, le clergé, « la noblesse, vos ministres même à la nécessité « de vous supplier d'assembler les notables de « vos états, afin qu'ils déterminent exactement « les droits de l'homme si méconnus sur toute « la surface du globe, qu'ils rétablissent l'éga- « lité entre la recette & la dépense & qu'ils « trouvent quelque biais pour combler le dé- « ficit énorme de vos finances, sans lesquelles « vous devez vous attendre à voir les peuples

« ſoulevés de toutes parts, & vos provinces
« démembrées par tous ceux de vos voiſins
« qui oſeront profiter de votre foibleſſe. »

FIN.

www.ingramcontent.com/pod-product-compliance
Ingram Content Group UK Ltd.
Pitfield, Milton Keynes, MK11 3LW, UK
UKHW020215250726
13967UKWH00003B/1475